200字ピッタリ作文

★指導ステップ&楽しい題材テーマ100

学芸みらい社
GAKUGEI MIRAISHA

再刊にあたって

作文教育と作文指導という二つの立場がある。藤原宏氏（注1）によれば「作文教育」は「教育そのものの目的を果たすため、時と所に左右されず、場合によっては臨機に機会をとらえて、文章を書く活動をさせる指導」である。これに対して、「作文指導」は「教科の教育としての国語科の指導内容のうち、書く能力、文章による言語表現能力を養うための計画的指導であって、国語の授業として主として教室内で行われる作文力を養うための学習活動が中心となる」と論述している（『作文技術指導大事典』明治図書）。

日本は教育史の中で長い間「作文教育」がその主流であった。大正期からの児童中心主義に端を発し、昭和前期から始まった「生活綴り方運動」に代表されるように、作文は「生活指導」の場であった。作文を通して子どもたちをよりよい生活者たらしめることを目的としたのである。しかし、そこには必ず書く力をつけようとする「作文指導」を提唱するものも常にあった。作文の書き方をこそ教えるべきだという主張である。「作文教育」か「作文指導」か。歴史の中で繰り返されてきた。

本書が初版された二〇年前は空前の「短作文ブーム」であった。長い作文を年に数回書かせるよりも、短い作文を何度も書かせるほうが力になるという主張であった。そして、短作文による指導はまさに「作文指導」そのものであった。多くの作文ワーク集が世に出た。野口芳宏氏の「作文ワーク集」、向山洋一氏の「２００字作文ワーク」は代表格だ。いずれも「作文の書き方」をスモールステップで教えていこうとする教材群である。このような短作文ブームの中、藤原与一氏（注2）が昭和四〇年に出版した『国語教育の技術と精神』（新光閣書店）が再び注目された。藤原氏は著書の中で「短作文教育」を提案していたからであった。藤原氏が提案した短作文の形体の中から「２００字限定作文」を取り上げ、平成時代の実践記録としてまとめたのが本書である。

本書が出版されて二〇年が経過したわけだが、短作文ブームの影響は現場にまで浸透しているとは言えない。小学校学習指導要領もその言語技術としての国語教育を志向しているはずであるし、それに基づいてつくられている教科書の作文単元も「作文指導」を志向しているはずである。しかし、作文単元は相変わらずの大作主義である。短作文指導の思想がないのである。

今、二〇三〇年の社会に向けて新学習指導要領が示された。ＡＩの発達はシンギュラリティーを招くとも言われており、人間がこれからどのように生きていくのかという問題にまで立ち入ってくるのである。グローバル化した社会は急激に変化し予測困難な時代に突入している。新学習指導要領はそんな二〇三〇年に向けて子どもたちが身に付けなければならない資質・能力を明らかにした。特に、新しい問題を発見・解決し新たな価値を創造していくための論理的思考力がこれまで以上に必要とされる。論理的思考力は論理的な文章を書くことで鍛えられる。

この二〇年でＩＣＴは急速に発展し、作文指導はコンピューターとの関連で語られることもある。しかし、作文指導は鉛筆を手に紙に書くという昔ながらのスタイルの中で脳を刺激し、効果的に論理的思考力を鍛えるのである。手を使って書くことは「考える」ことなのだ。

本書は論理的思考力を鍛えるための作文指導のヒントが満載である。今この時期に本書を再刊させる意義は、まさにそこにあるのである。私の作文指導の原点もここにある。過日出版した『子どもが一瞬で書き出す！〝4コマまんが〟作文マジック』（学芸みらい社）の源流も本書であり、4コマまんがを活用した実践を掲載している。

学芸みらい社の樋口雅子氏の手によって本書が再刊される運びとなった。心より感謝申し上げる。本書が、子どもたちに論理的思考力をつける「作文指導」のよい手引きとなることを期待してやまない。

二〇一八年一月三一日

村　野　聡

（注1）　藤原宏＝一九二一～二〇〇八、文部省初等中等教育局教材調査室。
（注2）　藤原与一＝一九〇九～二〇〇七、広島大学名誉教授。

まえがき（旧版）

子どもたちの作文力を高めるためには、

1　作文技術を身につけさせる
2　作文を楽しくたくさん書かせる

ことが大切である。

これがないと子どもたちは「書き方がわからない」「書くことがない」状態に陥る。

そこで、本書は「作文技術を身につけ、楽しくトレーニングしていく指導法」を提案する。

この指導法の特徴は次の通りである。

・短作文の一形態である「２００字限定作文」による指導法である。
・作文技術が身につき、楽しく書くことのできる「題材・テーマ」による指導法である。
・作文技術を三つのステップで身につけ、トレーニングさせる指導法である。

ぜひ、これまでの作文指導に本書で提案する指導法を加えてみてほしい。

これまでの指導法とは一味違った作文指導が展開されると思う。

詳しくは本書をお読みいただきたい。

第Ⅰ章ではこれら指導法の理論を述べた。

第Ⅱ章では実践例を述べた。

全部で24の実践例と約１３０の題材・テーマを載せることができた。また、必要な教材や例文もすべて示した。きっとお役に立てることと思う。

本書の提案がよりよい作文指導法の糸口になれば幸いである。

多くの方々からのご意見・ご批判をお待ちしている。

一九九六年五月九日

村野　聡

目次

Ⅱ　200字限定作文の題材・テーマとその展開例

Ⅰ　２００字限定作文で作文技術のトレーニング

１　２００字限定作文のよさ

(1)　２００字限定作文とは何か

２００字限定作文とは何か。

記述分量を２００字ぴったりに限定した短作文（条件作文）

のことである。

「２００字ぴったり」とは、句読点やかぎかっこも一字分として含む。原稿用紙の一マスを使って記述されたものはすべて一字として数えるのである。２０１字でも１９９字でもない。あくまでも２００字ぴったりなのである。

２００字限定作文は短作文の一形態である。

一般的に行われている短作文の指導では、「４００字以内」「２００字程度」などと、字数そのものにはあまり厳密な制限がない。ゆるやかである。

しかし、２００字限定作文はその名の通り、「２００字ぴったり」に書き上げなくてはならないところにその特徴がある。

(2)　200字限定作文のよさ

２００字限定作文は短作文の一形態である。２００字限定作文のよさを検討する前に一般的にいわれている「短作文」のよさを整理してみよう。

短作文のよさは何か。

- ・書く長さに対する抵抗を取り除くことができる。
- ・短時間での評価・処理が可能になり、作文を書く機会を多く設けることができる。
- ・一つの作文を完成させるための集中力が持続する。
- ・一つの作文技術を集中的に身につけさせることができる。

新しく担任した学級の子どもたちから、「先生、何枚以上書くのですか」という質問をよく受けた。そのたびに私は「書くことがなくなったら終わりですよ」と返事をしてきた。この言葉は子どもたちに安心感を与えた。要するに、子どもたちは作文を書く長さに対して強迫観念をもっているのだ。短作文は書く長さに対する抵抗を子どもたちから取り除いてくれる。

また、作品の評価・処理が短時間の中でできる。長い作文を長い時間かけて年に数回書くよりも、短い作文を短い時間に年に数十回書くほうが指導効果が高い。指導する機会が多くなるからである。

さらに、一つの作品を完成させるための子どもの集中力が持続する。短距離走のように一気に駆け抜けることができる。

そして、短作文は短いがゆえに作文技術を集中的・限定的に指導できる。作文指導には実に細々とした作文技術が存在する。それらを一度の作文指導でまとめて扱うのは非能率的である。思考が散漫になる。短作文だからこそ指導項目を限定できる。一つの短作文で一つの作文技術を指導すればよい。一時に一事の原則である。

どれも、記述分量が少ないがゆえのよさである。

短作文のよさに加えて、200字限定作文には次のよさが加わる。

全体の構成を構想する力が身につく

200字と限定されているので、思いつくままに書き進めていては「200字ぴったり」にならない。あらかじめ、全体の構成を構想してから書き出さなくてはならなくなる。

このことが構想力を身につける。

推敲する力が身につく

また、作文を200字に収めるために、どこを削り、どこを詳しく書いていこうか、不必要な句読点はないか、漢字に直せる部分はないか、このようなことを頭に入れながら書き上がった作文を再検討することになる。

これが推敲の力をつけていく。

推敲の目で自分の作文を見る癖がつくのである。

200字限定作文の提唱者である藤原与一氏は、その著書『国語教育の技術と精神』(新光閣書店)で次のようにいう。

> 構想、構想力のことは、作文教育でつねに問題にし、また、推敲も、しょっちゅう問題にしながら、この字数限定作文を見落としていたのは、作文教育の大きな怠慢であった。

要するに、２００字限定作文は「構想力」「推敲力」を身につけさせるための具体的な指導法なのである。

さらに、２００字に限定することで、

言葉を精選して書く力が身につく

ことにもなる。

そして、このことは、

作品の精度を高める効果を生む

ことになるのである。

余計なことは書けない。多くを表現したければ表現を凝縮しなくてはならない。

だから、普通の短作文として書いた文章よりも２００字限定で書いた文章のほうが全体的にひきしまる。精度が高いのである。

普通の短作文ではこのような力は子どもたちに身につきにくい。

また、

２００字ぴったりに書けたときの快感

も、２００字限定作文ならではのよさである。

２００字に収めなくてはならないところにゲーム性がある。

(3) 子どもたちは２００字限定作文を歓迎した

普通、２００字限定作文を書かせるときは次のようにする。

① まず、２００字程度の短作文を書かせる。
② 次に、２００字ぴったりに書き直しさせる。

子どもたちに初めて２００字限定作文を書かせたとき、２００字限定作文のよさを理解させるため、「２００字ぴったりで書く」という条件をふせて書かせた。テーマは「授業中に意見を言うことは大切か、大切でないか」とした。４００字詰原稿用紙を配って、次のように言う。

２００字程度の長さで書きなさい。２００字程度とは、原稿用紙の半分程度です。

子どもたちの作文が書き上がったところで、

みんなの書いた作文をもっとよくする方法があります。２００字ぴったりに書き直すのです。

と話す。

藤原与一氏は、前掲書の中で、次のようにいう。

かれらはこの制限に好奇心をもよおす。……（略）……いちおうはびっくりする。が、よし、やってみようとなる。


まさに、子どもたちの反応は、藤原氏のいう通りであった。

「200字ぴったりで書く」と聞いて「エーッ」と驚きの声を上げる者が多かった。しかし、200字限定作文に取り組み始めると、実に真剣な表情に一変する。

そして、200字ぴったりに書き終えた子どもは、一様に「やった！」「できた！」と喜びの声を上げたのである。

200字限定作文を初めて経験した子どもたちの感想を紹介する。


200字作文は、200字ぴったりでおさめないといけないからむずかしい。

でも、この文をどういうふうにしてかえるか？　などたくさん考えるからとても楽しい。

うまく文をかえられたと思ったら、句読点のせいで201字になったり、やっとあと10字までいったのにいい言葉がみつからなかったりする。

こういうところが楽しいし、文の書き方・使い方の勉強になる。

だから200字作文はとても楽しいのである。


最初の作文は、204字だった。それに、つけたしたいこともあったので、どうやってちぢめようかちょっと困った。私は、そんなに意識しないようにやろうと思った。それは、意識しすぎると、かえってむずかしくなるからだ。

私は、最初の作文より200字でやった作文のほうがちょっとよくなったと思った。毎回文字を限定してやるのは大変だけれども、こういうやり方もいいなと思った。

今日、四時間目に作文用紙に２００字ぴったりおさめる作文を作りました。時間をかけてやっと２００字でおさまりました。終わった時は、かいかんでした。思わず、
「よっしゃあ」
と言ってしまいました。

この感想文は宿題で書かせたものである。さっそく、この感想文を２００字で書いてくる子もいた。子どもたちは２００字限定作文を歓迎したのであった。

２　２００字限定作文の題材・テーマの開発

(1)　２００字限定作文の題材・テーマ開発の視点

２００字限定作文の題材・テーマ開発の視点は、次の二点である。

１　作文技術のトレーニングになる題材・テーマ
２　楽しく書ける題材・テーマ

この二点をうまくミックスした題材・テーマがよい。

栄養（＝作文技術）が身につき、味もよい（＝楽しい）題材・テーマがよいということになる。

(2) 小学生に身につけさせたい作文技術

小学生にどのような作文技術を身につけさせる必要があるのか。

まず、指導すべき作文技術を明確にするところから始めよう。

作文技術と一口に言っても、その数は膨大である。すべての作文技術を子どもたちに指導することには無理がある。

そこで、いくつかの作文技術に精選し、繰り返し指導していく必要がある。

私は、小学生に身につけさせたい作文技術を次の通り構想している。

	低学年	中学年
原稿用紙の使い方・言語事項	原稿用紙の正しい使い方 **会話文の「」の書き方・使い方（会話文における改行）** 平仮名の書き方・使い方 片仮名の書き方・使い方 **句読点の書き方・使い方** 助詞（くっつき）の使い方 主語と述語	ローマ字の書き方・使い方 段落の構成と改行の仕方 **常体と敬体の統一**
修辞法	**オノマトペを使う** **比喩表現（～のように）を使う** **書き出しの工夫1（オノマトペで書き出す）**	**擬人法を使う** **書き出しの工夫2（会話文・疑問文で書き出す）**
文章構成の型	初・中・終の三段構成	
述べ方の順序	**時間的順序に従って書く**	**空間的順序に従って書く**
描写文	五感を使った描写	空間的順序による描写
説明文	いつ・どこで・だれが・どうした	**情報を伝達する説明文**

高学年
一文を短く書く
倒置法を使う 名詞止めを使う
起承転結の四段構成 起承束結の四段構成
論理的順序に従って書く
比喩を使った描写
事実と意見の区別 引用の仕方 意見文の書き方

太い文字で書かれた「作文技術」は本書に実践例を掲載したものである。

指導系統表で低・中・高に割り振った作文技術は、指導可能と思われる時期をおおよそで示したものである。したがって、学級の子どもたちの実態によっては低・中・高の枠組通りにいくとは限らない。低学年で指導すべき作文技術が高学年の子どもに身についてないこともある。実態に応じて、指導すべきことである。

また、この指導系統表の内容では不満だと考える方も多いであろう。それはそれでいいのである。大切なことは、指導すべきことを明確に自覚していることである。他の作文技術を指導すべきだという方は、その作文技術をご自分の指導系統表に組み込んで指導されればいいのである。

(3) 題材・テーマの開発

指導する作文技術が明確になったら、

> 身につけさせたい作文技術を使うことを条件とした題材・テーマにする。

できることなら、身につけさせたい作文技術を使うことを必然とした題材・テーマにしたいものである。

しかし、これだけではだめである。子どもたちがくいつかない。

作文技術のトレーニングになる題材・テーマに、おいしい味つけをして食べやすくしてやらなくてはならない。思わず書きたくなるような楽しい題材・テーマにするのである。

次のような味つけをする。

1　四コマまんがを見て書く。
2　一枚の絵、写真を見て書く。
3　言葉遊びを書く。
4　想像して書く（要するにウソを書く）。
5　友達のこと、教師のことなど、教室で取材できることを書く。

こうすると、どんな題材・テーマができ上がるか。
例えば、子どもたちに「段落の構成の仕方」という作文技術を教えるとする。
これに味つけをする。
四コマまんがを使う。
すると、次の題材・テーマができる。

四コマまんがを見て、一コマ一段落の物語にしましょう。

これなら子どもはくいつく。栄養も身につくし、味もよい。
このような題材・テーマをたくさん開発していくことが大切である。

3　200字限定作文の授業化をどうするか

(1)　作文技術を身につける指導ステップ

作文技術を子どもたちに身につけさせるためにどうしたらよいか。

次の三つのステップで指導すればよい。

【ステップ一―視写】
ある作文技術を使って書かれた例文を視写することで、作文技術を理解する。
【ステップ二―推敲】
ステップ一で理解した作文技術を使って例文を推敲（書き直し）する。作文技術を使えるようにする。
【ステップ三―200字限定作文】
ステップ一・二で使えるようになった作文技術を使って200字限定作文を書く。作文技術を使いこなせるようにしていく。

ステップ一・二の段階で、身につけさせたい作文技術をある程度子どもに理解させる。その上で200字限定作文を書かせようという提案である。

作文技術を、より集中的、限定的に指導できる。確実に作文技術が子どもたちに身につく。

以下、それぞれのステップについてもう少し詳しく説明していく。

(2) ステップ一―視写

ステップ一では、ある作文技術を使って書かれた例文を視写させることで、作文技術を理解させる。

例えば、「作文の中にオノマトペを使う」という作文技術を指導するとしよう。まず、オノマトペを使った文を視写させる。「ぼくは、コップをカシャンとわってしまいました。」というような文である。

視写のよさは写すだけで作文技術を理解できるということである。作文技術を体で覚えることができるのである。

さて、視写のさせ方として、

① プリント（ワーク）に書かれたものを見て書く。 ② 教師が黒板に書いたものを見て書く。

などが考えられる。

いつも同じ方法ではあきるので、時々変化をつけてみるのもよいだろう。時間に余裕があるときは「聴写」させるのも一つの方法である。

さて、①と②の方法のいずれを選択するにしても、次の条件は重要である。

例文がマスの中に書かれていること

プリントにするにしても黒板に書くにしても、マスに文字が書かれた例文を子どもに提示するのである。マスがあったほうが視写しやすい。途中で脱字に気づくこともできる。

(3) ステップ二―推敲

ステップ二では、ステップ一で理解した作文技術を使って例文を推敲させる。

例えば、「ポチの頭の上をハエがとんでいました。」という文を示す。この文を「オノマトペ」が使われている文に書き直すのである。

「ポチの頭の上をハエがブンブンとんでいました。」

このような文に書き直すのである。

このとき、重要なことは、

全文を書き直す

ということである。

例文「ポチの頭の上をハエがとんでいました。」に「ブンブン」を書き込むだけではだめである。「ポチの頭の上をハエがブンブンとんでいました。」と全文書くのである。きちんと一つの文として書き直すのである。

書き込むだけの推敲よりも全文書き直しの推敲のほうが子どもを鍛える。

(4) ステップ三―200字限定作文

ここまでのステップで、子どもたちは「作文技術」を理解し、ある程度使えるようになっているはずである。

子どもたちをこのような状態にまで引き上げておいた上で、ステップ三の「200字限定作文」指導を行うと効果的である。

ステップ三で大切なことは、作文技術のより高い習熟を目指すために、

作文技術をトレーニングするための題材・テーマをたくさん用意する

ということである。

作文技術は繰り返しの中で身についていく。そのためには繰り返しができるように題材・テーマをたくさん用意しておくほうが望ましい。

また、題材・テーマがたくさん用意されていれば、

子どもたちが題材・テーマを選択できる

よさも生まれてくる。

さらに、

早く書き終えてしまった子が他の題材・テーマに取り組める

よさもある。個人差に対応できる。

(5) 視写・推敲・２００字限定作文による三つのステップのよさ

視写・推敲・２００字限定作文による三つのステップはなぜよいのか。

易から難へのステップになっている

からである。

ステップ一の「視写」は誰にでもできる。もちろん、正確に視写できるようになるためには、ある程度の期間が必要である。だが、特別な知識や技能がなくてもできるのが視写である。子どもたちは視写を通して作文技術を体で理解することができる。

ステップ二の「推敲」は「視写」の段階よりも、やや難しくなる。ある程度自分の力で作文を書かなくてはならなくなるからである。ステップ一で学んだことがステップ二で具体的に使えるようになる。

そして、ステップ三では自分の力だけで作文を書かなくてはならない。一番、難易度が高いわけである。

大きな階段も小さなステップを作ることで、比較的楽に、そして、確実に登ることができる。

また、

変化のある繰り返しになっている

ことも、三つのステップのよさである。

技術習熟のためには「繰り返し」が必要である。繰り返すうちに血となり肉となる。自分の技術として活用できるようになるのである。

さらに、

三つのステップは活動に変化をつけながら、一つの作文技術を繰り返しトレーニングしている。

実際に書く活動でステップが構成されている

というよさもある。

ステップ一～三まですべて、実際に書く活動で構成されている。作文の力をつけるには実際に作文を書くことでしか身につかない。体を通して学ぶのである。

視写・推敲・２００字限定作文の三つのステップによる作文指導は、子どもたちに作文技術を確実に身につけさせることができるのである。

(6) 作文ワークの開発

視写・推敲・２００字限定作文の三つのステップによる作文指導を「作文ワーク」化する。

作文指導を「作文ワーク」化することのよさは何か。

誰でもすぐに指導できる

という点である。

さらに、子どもたちだけで学習を進めることのできるよさも考えられる。

作文ワークを「問題用紙」と「解答用の原稿用紙」に分けることにした。「解答用紙」を後でとじて文集を作ることを可能にするためである。

作文ワーク例を二つ紹介しておく。

片仮名の使い方　　　　年　組（　　　　　　　　　）

【ステップ一－視写】　次の作文は片仮名を正しく使って書かれています。正確に写しましょう。

　かたかなで書くことばは四つあります。
　一つ目は、どうぶつのなきごえです。「ワ
ンワン」「ニャーオ」などです。
　二つ目は、ものの音です。「カーン」「ポ
チャン」などです。
　三つ目は、外国の土地や人の名前です。「
インド」「シンデレラ」などです。
　四つ目は、外国から来た言葉です。「コッ
プ」「コーヒー」「サッカー」などです。

【ステップ二－推敲】　次の作文は片仮名を使っていません。片仮名にすべきところは片仮名で書き直しましょう。

　じぇえむすはいぎりす人です。ことしの五
月に、わたしたちのくらすにてんこうしてき
ました。じぇえむすはくらすの人気者です。
　とくいなさるのまねをして、
「きゃっきゃっ。」
と、おおさわぎします。
　また、さっかあもとくいです。とおくから
しゅうとをします。ぼうるがしゅうっと音を
たてて、ごおるにつきささります。

【ステップ三－二百字限定作文】　片仮名を使った作文を書きましょう。

題材・テーマ

次の片仮名を使ったこわい話を考えて書きましょう。

ギーッ　ボタン　ヒューッ　ザザザー　バリーン　グサッ

次の片仮名を使った夢の世界のお話を考えて書きましょう。

ケーキ　アイスクリーム　ジュース　キャンディー　キャラメル　チョコレート

シンデレラ　ダンボ　ミッキーマウス　ピーターパン　ドナルドダック

次の片仮名を使った「どうぶつ王国」のお話を考えて書きましょう。

ワンワン　ニャーゴ　ピッピッ　ヒヒーン　ブヒブヒ　コケコッコー　モー　メー

段落の構成

年　組（　　　　　　　　　）

【ステップ１―視写】　次の作文は上のまんがを見て書きました。三つの段落（意味のまとまり）からできています。一コマ一段落になっています。正しく書き写しましょう。（段落の最初の一マスは空けます。）

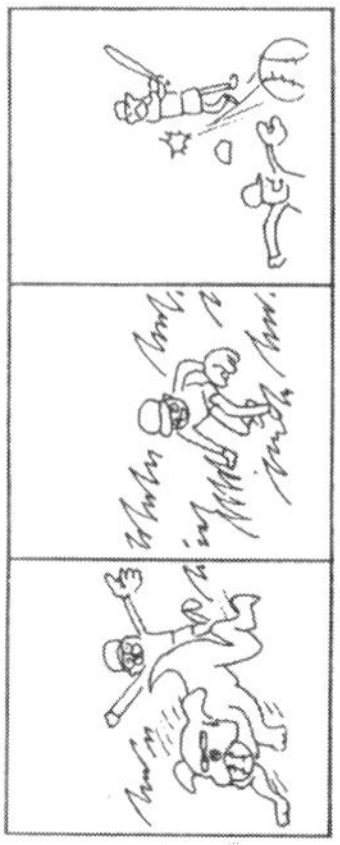

●	き	の	う	、	野	球	の	し	あ	い	を	し	ま	し	た	。	あ	い	て
チ	ー	ム	の	せ	ん	し	ゅ	が	大	き	な	あ	た	り	を	と	ば	し	ま
し	た	。	ボ	ー	ル	は	ぐ	ん	ぐ	ん	と	ん	で	い	き	ま	し	た	。
●	ボ	ー	ル	は	草	む	ら	の	中	に	と	び	こ	み	ま	し	た	。	ぼ
く	は	、	草	む	ら	の	あ	ち	ら	こ	ち	ら	を	さ	が	し	ま	し	た。
し	か	し	、	ボ	ー	ル	は	み	つ	か	り	ま	せ	ん	。				
●	す	る	と	、	一	ぴ	き	の	犬	が	飛	び	出	し	ま	し	た	。	よ
く	見	る	と	、	犬	は	ボ	ー	ル	を	く	わ	え	て	い	ま	し	た	。
犬	は	ど	ん	ど	ん	に	げ	て	い	き	ま	し	た	。					

【ステップ２―推敲】　次の作文は上のまんがを見て書きました。ところが、「段落」がありません。三段落の作文に書き直しましょう。

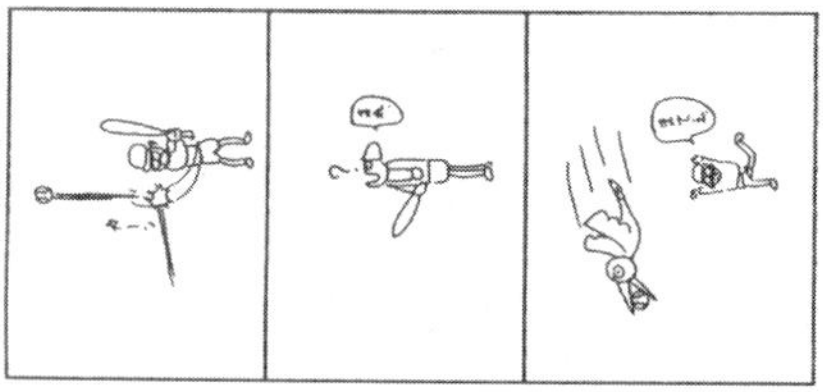

きのうは野球のしあいだった。ぼくはバッターボックスでボールを思いきり打った。ボールはぼくのま上に飛んだ。ところが、上がったボールが落ちてこないのだ。「あれっ。」と思って上をながめていた。すると、ボールをくわえた鳥が飛んでいくのをみつけた。ぼくは、「待てえ」と言いながら、その鳥を追いかけた。

【ステップ３―二百字限定作文】　段落のある作文を書きましょう。

題材・テーマ

次のまんがを一コマ一段落の作文にしましょう。

自分で四コマまんがを書いて、一コマ一段落の作文にしましょう。

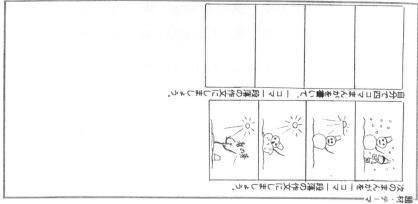

(7) その他の留意点

２００字限定作文を書いていくと、２００字に満たない場合と２００字を超えている場合とがある。

字数が２００字に満たない場合には「文字の追加」が必要になる。このとき、書いた作文を消すことはさせない。

原稿用紙の行と行の間のスペースに書き込ませればよい。

これをきれいに書き直しさせていたら、子どもたちはもうそれだけで書く意欲を失う（子もいる）。

また、字数が２００字を超えている場合には不必要な言葉や記号を削除することがある。このとき、原稿用紙の中に超えた字数分の穴がポッカリとあく。これも、２００字に満たない場合と同様にそのままでよいことにする。

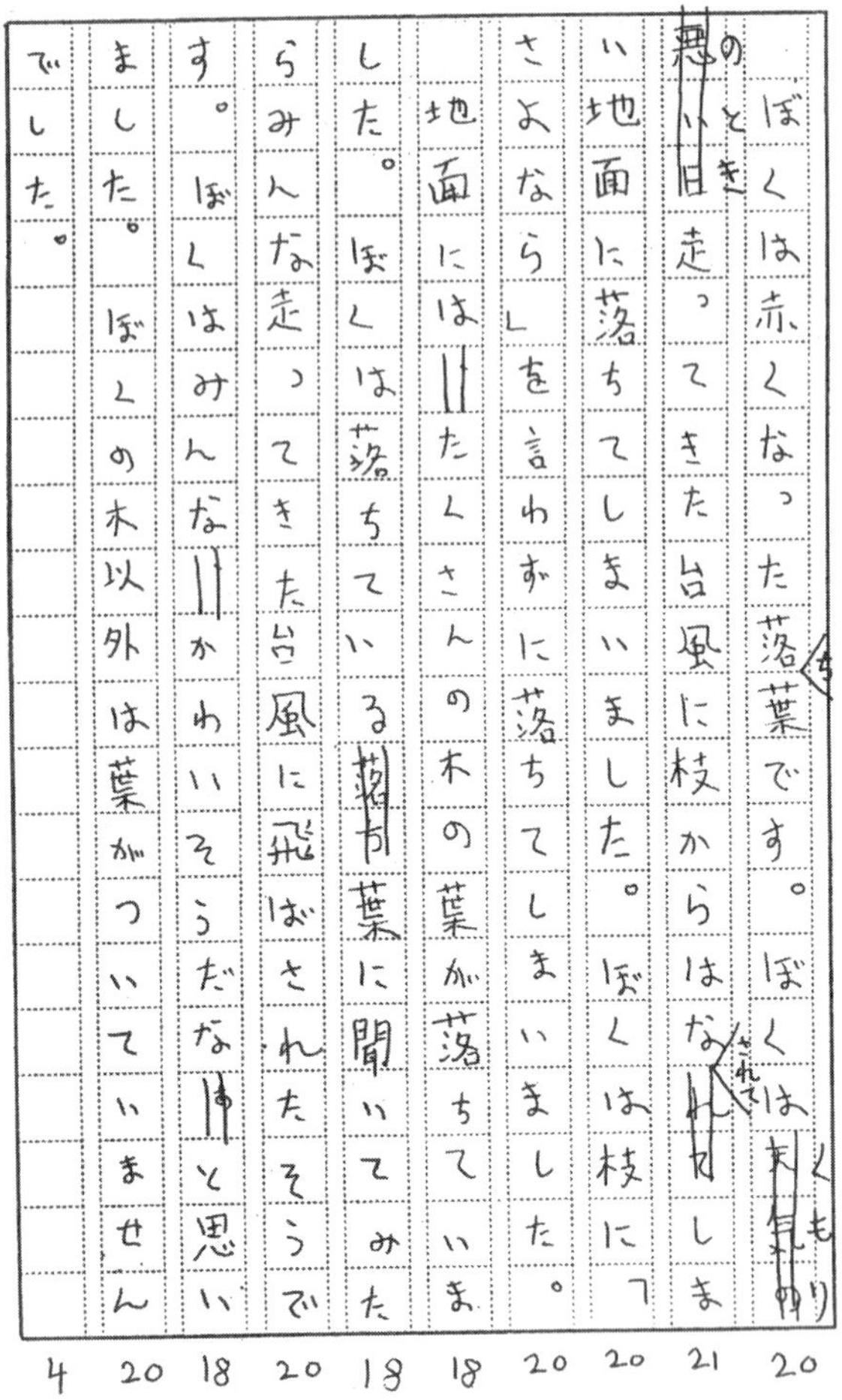
ぼくは赤くなった落葉です。ぼくは
のとき走ってきた台風に枝からはなされてしま
い地面に落ちてしまいました。ぼくは枝に「
さよなら」を言わずに落ちてしまいました。
地面にはたくさんの木の葉が落ちていま
した。ぼくは落ちている落ち葉に聞いてみた
らみんな走ってきた台風に飛ばされたそうで
す。ぼくはみんなかわいそうだなと思い
ました。ぼくの木以外は葉がついていません
でした。
20 21 20 20 18 18 20 18 20 4

上に子どもが書いた２００字限定作文の原稿用紙を紹介しておく。

このように調整の跡を残すようにさせる。こうすることで、子どもたちに余計なエネルギーを使わせずに済むことになる。と同時に、どこをどう書き直したのかがわかるので、２００字限定作文の評価

にもなる。

また、次のような事態も発生する。


せっかく200字ぴったりに仕上げたのに、誤字・脱字があった。


このような場合、誤字・脱字を正しく書き直すことで200字ぴったりでなくなってしまうことが多い。

このような場合どうするか。


誤字・脱字は書き直しさせる。その結果、200字ぴったりにならなくてもよい。


200字ぴったりに書かせること自体が本来の目的ではないのである。200字ぴったりに書こうとする過程で、子どもたちに力がつくのである。

一度、200字ぴったりに調整した作品は、それだけで精度が高くなっているのである。

よって、誤字・脱字を書き直しさせて終わりにする。

もし、これでは気にいらないのなら、200字程度に書けた段階で教師が一度、作文に目を通し、誤字・脱字のチェックをしてやればいいだろう。誤字・脱字のないことを確認した上で200字に書き直しさせればよい。

さて、算数教育の世界では「電卓使用」が普及しつつある。

同様に、200字限定作文でも電卓使用が欠かせない。

200字限定作文を実践した者なら、電卓の必要性は十分に感じているはずである。

字数を調整するとき、電卓を片手に行うと能率的である。

しかも、算数教育の一端を担うことになる（？）。

一石二鳥である。

こうして指導してきた実践例を次の章より示していくことにする。対象はすべて高学年の子どもたちである。

Ⅱ　200字限定作文の題材・テーマとその展開例

1　会話文の「　」の表記上のルール

表記に関するルールはどんな作文にも必要な作文技術である。初めにしっかりと教えて繰り返しの中で身につけさせていきたいものである。正しい表記で書かれた作文は見た目にも美しく読みやすい。

ここでは会話文の「　」の表記上のルールを扱う。

【ステップ一―視写】

次の例文を示す。

例文1

　おじいさんは、かぶをぬこうとしました。
「うんとこしょ、どっこいしょ。」

（ロシア民話「おおきなかぶ」より）

例文2

　雨がやまないときは、
「ちょっとしつれい、そこまでいれてくださ
い。」
と、しらない人のかさにはいりました。

（佐野洋子作「おじさんのかさ」より）

例文3

「そうさ。それが、おとなっていうものだよ。」
とうさんは、ほっとして言いました。

（みき　たく作「えいっ」より）

例文1ではかぎかっこを一つの文字として一マス使って表記することを教える。ただし、閉じるかぎかっこは句点と一緒のマスに書くことも教える。
例文2では会話文が二行以上にわたる場合の表記を教える。会話文が二行以上にわたった場合は、二行目以降は一マスあけて二マス目から書くのが普通である。
例文3では閉じるかぎかっこは行の一マス目に書かないことを教える。行の最後のマスに文字と一緒に書くのである。
正しく視写させる。

【ステップ二―推敲】

会話文の「　」がついていない例文を示し、正しく書き直しさせる。

　ぼくはりかが大すきです。おかあさんに、
べんきょうの中で一ばんすきなのはりかだよ。
というと、
いつかきっと、りかのはかせになれるわよ。
といわれました。

正解は次の通りである。

　ぼくはりかが大すきです。おかあさんに、

「べんきょうの中で一ばんすきなのはりかだ
　よ。」
という と、
「いつかきっと、りかのはかせになれるわよ。」
といわれました。

【ステップ三―200字限定作文】

一枚の絵を見せる。二人の会話を想像させながら作文を書かせる。

題材・テーマ

二人はどんな会話をしているのでしょう。会話文の書き方に気をつけながら書いてみましょう。

絵　1

絵　2

絵　3

〈作品例〉

まずは「絵1」の作品から紹介する。

「ウォー、ウォー。」

広君が、なぜか大声でさけんでいた。ぼくは、広君になぜだか聞いた。広君は、

「ウォー、まこと君よくぞ聞いてくれた。実は、ぼくのボールが川に落ちたんだ。どうしよう、このままじゃ流れてっちゃうよ。」

と、言った。

ぼくは、「ああ、広君のボールよ。川を流れて谷を下り旅をするんだよ。そして、りっぱなボールになるんだよ。」と、心の中で思った。

広君は、あきらめられないらしくまだ大声でさけんでいた。やれやれ。


三つ目の「　」は心内語なので改行していない。

次に、「絵2」の作品を紹介する。


よしお君とみえ子さんが歩いています。いったいどんな話をしているのでしょう。とても楽しそうです。

「あ、よしお君、なんか飛んでるよ。」

「本当だ。みえ子さん、あれはなんだろう。」

空には変な物がうかんでいます。

「なんだろう。飛行機じゃないし、ヘリコプターでもないし…。」

「鳥にもみえないよ。」

よしお君もみえ子さんもなやんでいます。

「よしお君、まさか…。」

「そうだよ。みえ子さん、あれはユーフォーだ。」

「ひぇ！　助けてくれ。」


最後に、「絵3」の作品を紹介する。


　ぼくは、けがをしました。とっても痛かったので医者へ行きました。すると、若いお医者さんは、

「どうしたの。そのきず。」

と、ぼくに聞きました。ぼくは、

「かいだんで落ちちゃったの。」

と言いました。ぼくはこぶもでき、血も出ていました。お医者さんは、

「ぬり薬を出すから。」

と言って薬をくれました。若いお医者さんは、とってもやさしくしてくれました。ぼくは、痛かったけれどやさしくしてもらえたので医者はいいなと思いました。

その他の題材・テーマ

・自分で絵を描いて二人の会話を作文にしてみましょう。
・かべの向こうからヒソヒソ話が聞こえます。どんな会話をしているのか想像しながら会話文だけの作文を書いてみましょう。

2 読点の打ち方

本多勝一氏は読点の打ち方を「さまざまな場合について検討した結果、構文上真に必要なテンは次の二原則に尽きるのではないかという結論に達した」として、

> 第一原則　長い修飾語が二つ以上あるときその境界にテンをうつ（略して「長い修飾語の原則」）。
> 第二原則　語順が逆になったときにテンをうつ（略して「逆順の原則」）。

という二つの原則を示している。

詳しくは本多氏の著書『日本語の作文技術』『実戦・日本語の作文技術』（朝日新聞社）をお読みいただきたい。

主語の後や接続詞の後に読点を打つように指導することがあるが、本多氏の論に従えば必ずしも必要な読点ではないことになる。

しかし、小学生にこの「二原則」を文法的に理解させることは難しい。そこで、代表的な例文を通して教えることにする。

やたらと読点を打つ子どもがいる。この指導で読点はやたらと打つものではないことも理解させたい。

【ステップ一――視写】

第一原則の指導から入る。

次の例文を示し、視写させる。

たろう君がひろし君をたたいた。


この程度の長さの文では「読点」は要らないことを話す。

そこで、次の例文を示す。


ぼくのクラスメイトで背の低いたろう君が、高校生で背の高いひろし君をたたいた。


「長い修飾語によって一文が長くなった場合、その境目に打ちます」

と話す。

「ただし、なるべく一文は短いほうがよいのです」

と付け足しておく。

一文を短く書いていけば読点を打つ回数はだいぶ減るはずなのである。

これも正確に視写させる。

続いて、第二原則の指導である。「語順が逆になる」典型として、「倒置法」と「読点がないと意味が複数に読み取れる文」を取り上げる。


書いている、子どもたちが教室で作文を。（倒置法）

倒置法は語順を逆にすることで強調する修辞法である。

語順が逆になるので第二原則に基づいて読点を打つ。

私は、ずぶぬれになって逃げる弟を追いかけた。（読点がないと意味が複数に読み取れる文）

この例文を「ずぶぬれになって逃げる弟を私は追いかけた。」とすれば読点は必要ない。

しかし、例文のような語順ではずぶぬれになったのが「私」とも取れるし「弟」とも取れる。

「私は」の後に読点を打つことで「弟」がずぶぬれになったことがわかるのである。

これも正確に視写させる。

【ステップ二―推敲】

例文に必要な読点を加え、全文を書き直しさせる。

・走っている子どもたちが。
・毛の色が茶色で体が大きいこわそうな犬が毛が白くて体の小さいおとなしそうなねこを追いかけていた。
・トラックが故障して止まっている自動車に追突した。（故障したのが自動車の場合）

正解は次の通りである。

・走っている、子どもたちが。（倒置法―第二原則による）
・毛の色が茶色で体が大きいこわそうな犬が、毛が白くて体の小さいおとなしそうなねこを追いかけていた。
（長い修飾語―第一原則による）
・トラックが、故障して止まっている自動車に追突した。

（読点がないと意味が複数に読み取れる文―第二原則による）

【ステップ三―200字限定作文】

どんな題材・テーマで作文を書いても「読点の打ち方」はトレーニングできる。ここでは、できるだけ楽しいテーマで200字限定作文を書かせながら読点のトレーニングを行う。

題材・テーマ

もしも、願いを三つかなえてもらえるとしたら、あなたはどんなお願いをするか書きましょう。

〈作品例〉

もし、願いを三つかなえてもらえるとしたらぼくはこんなお願いをします。
まず、一つ目は大金が降ってきてほしいという事です。
そして、二つ目は永久に死なないで命を数え切れないほど増やしてほしいという事です。
最後の三つ目の願いは、地球が何もなく平和であってほしいという事です。どんな平和かというと、地震もなく火山のばく発もなくて火事もなくて木がいっぱいあるという意味です。
この三つの願いがかなえられたらいいです。

題材・テーマ

自分が見た「夢」の話を書きましょう。

〈作品例〉

ぼくの初夢。
それはみんながレモンをしぼっていたのだ。
それがなぜだか分からない。
ただひたすらレモンをしぼっていたのだ。
しかもこのクラスのみんなが、である。
そしてそのしぼったレモン汁をおわんの中に入れたのである。
そしてそれを見つめながらみんな泣いているのである。
ぼくは何を考えているのかさっぱり分からなかった。
涙がポタポタレモン汁に落ちる。
そしてそれをみんなは飲んだのである。
今年の船木純一はいったい。

（注…「船木純一」はこの作文の作者である）

その他の題材・テーマ

・男の子は女の子に、女の子は男の子になりきって日記を書きましょう。
・あなたの担任の先生を思い切りほめる作文を書きましょう（ウソでいいです）。
・自分で国民の祝日（〜の日）を作り、どんな祝日なのか説明しましょう。
・理想の結婚相手を書きましょう。
・将来、どんな職業に就きたいと思いますか。
・自分のクラスの有名人は誰でしょう。紹介してください。

・朝起きたらケムシになっていた！　さあ、どうする。
・「い」で始まる作文を書きましょう。
・「最近思うこと」について書きましょう。（有田和正氏の実践）

3　一文を短く書く

達意の文を書かせるためには一文を短く書くことに神経を集中させるのがよい。
なぜか。

・主語と述語が対応しやすくなる
・一文一義になる

からである。
一文が長いから文がねじれるのである。
一文を短くし、一文一義で書いていく。
短い一文を接続詞できっちりつないで書いていく。
読み手にとって「読みやすい」「わかりやすい」文章が書けるはずである。

【ステップ一――視写】

一文を短い二文に書き直した文章の視写である。

二文をつなぐ「接続詞」に気をつけて視写させる。

例文1

ぼくはセーターをプレゼントしてもらったが、うれしくなかった。

⬅

ぼくはセーターをプレゼントしてもらった。しかし、うれしくなかった。

「が」「けれども」「でも」「ところが」「だが」などの接続詞も使える。

例文2

ぼくはおなかがすいていたので、ラーメン屋に行った。

⬅

ぼくはおなかがすいた。だから、ラーメン屋に行った。

「それで」「そこで」「したがって」などの接続詞も使える。

例文3

私は犬を飼っているし、ねこも飼っている。

⬅

私は犬を飼っている。それに、ねこも飼っている。

「また」「しかも」「そして」「そのうえ」などの接続詞も使える。

例文４

お父さんがおこったのは、ぼくがいたずらをしたからだ。

⬅

お父さんがおこった。なぜなら、ぼくがいたずらをしたからだ。

【ステップ二―推敲】

一文を二文に書き直すトレーニングを行う。
例文は次の通りである。

例文１　A君の意見が正しいという人がいるが、それはおかしい。
例文２　動物園のさるにえさをやったら、飼育係の人にしかられた。
例文３　B君はA君の意見が正しいと考えているし、ぼくもそう考えている。
例文４　弟がびっくりしたのは、急にうさぎが飛び出したからである。

正解は次のようになる。接続詞は前述の通り、他の場合もありうる。

例文１　A君の意見が正しいという人がいる。しかし、それはおかしい。
例文２　動物園のさるにえさをやった。だから、飼育係の人にしかられた。
例文３　B君はA君の意見が正しいと考えている。それに、ぼくもそう考えている。

例文4　弟がびっくりした。なぜなら、急にうさぎが飛び出したからである。

【ステップ三―200字限定作文】

次の条件で200字限定作文を書かせることで、一文を短く書くトレーニングを行う。

200字を八文きっかりで構成する。

つまり、200字限定＋八文限定作文にするのである。
200字を八文で書くのであるから、平均すると一文あたり25字で書くことになる。
一文が25字というのは、けっこう短い文である。
この条件で書くことで、子どもたちは一文を短くせざるを得なくなる。
その過程で力をつけるのである。
この条件の中で、次の題材・テーマの作文に挑戦させる。

題材・テーマ

次の接続詞を使ってラブレターを書きましょう。

(1)　しかし、
(2)　だから、
(3)　そして、
(4)　なぜなら、

〈作品例〉


和風しいたけさん、私はあなたのことが好きです。

なぜなら、あなたののっぺりとした顔がとてもみりょく的なのです。

そして、ふかぶかと頭にかぶった真っ赤なカサにあるしましまもようもみりょく的です。

しかし、あなたの体にあるひげのようなちょんちょんは好きじゃないです。

でも、あなたのふとい体はとてもたのもしいです。

ちまちまとした手足もかわいいです。

私は心からあなたのことが好きです。

だから、私とつき合ってください。

和風しいたけ

題材・テーマ

自己紹介文を次の書き出しで書きましょう。

この人の名前は○○○○○（自分の名前）である。

（自分のことを他人が紹介するように書きます）

〈作品例〉

この人の名前は佐藤健人です。

佐藤君は、虫と言われていて、虫がいるとみんな佐藤君の方を見ます。

佐藤君はときには、ウーパールーパーに変身するといううわさがあります。

佐藤君はバスケットクラブです。

でも、休み時間はサッカーをしているようです。

テストでは、いつも百点をとって、成績がすごくいいです。

先生は佐藤君をいつもほめています。

ぼくは、佐藤君みたいに、バスケットがうまくて、テストでいい点をとってみたいです。

題材・テーマ

犬を見たことのない人にも、犬がどんなものかわかるように説明しましょう。

（犬ではなくて、次のようなものでもおもしろいです。「サル」「地球」「男」「海」）


〈作品例〉


これから、犬のことを説明してあげましょう。

犬は四つの足で立ち、しっぽがあります。

犬の耳は、ピンと立っているのもあれば、垂れ下がっているのもあります。

口は、丸く前に出ていて、口の中には、強そうな歯があります。

そして、「ワンワン」と大きい声でほえてくるのです。

犬は、よく、口を半開きにして、しっぽをブンブンはげしくふります。

それは、うれしい事があったからです。

犬は、このような、こわくてかわいい動物です。

その他の題材・テーマ

・友達に好かれる三つの方法を書きましょう。

4　常体と敬体の統一

文末が「～だ。」「～である。」というやや強い書き方を〈常体〉という。また、「～です。」「～ます。」というていねいな書き方を〈敬体〉という。

作文は常体か敬体かどちらかに統一して書くのが普通である。しかし、常体と敬体を混同して使っている作文に出会うことが少なくない。そこで、ここでは「常体と敬体の統一」をトレーニングする。

【ステップ一―視写】

次の例文は「大造じいさんとガン」の書き出しである。常体の場合と敬体の場合を視写させることで、常体と敬体の違いを理解させる。

> ことしも、残雪はガンの群れをひきいて沼地にやってきた。残雪というのは、一羽のガンにつけられた名前だ。

> ことしも、残雪はガンの群れをひきいて沼地にやってきました。残雪というのは、一羽のガンにつけられた名

前です。

【ステップ二―推敲】

次の例文を常体は敬体に、敬体は常体に書き直しさせる。

私はがまんする。
ぼくが山田です。
ここは京都だ。
私が案内します。
作文の大切さがわかりました。
ジェットコースターはこわい乗り物だった。
ぼくは勉強をやめた。
明日は雪でしょう。

正解は、次の通りである。

私はがまんします。
ぼくが山田である（ぼくが山田だ）。
ここは京都です。
私が案内する。

作文の大切さがわかった。

ジェットコースターはこわい乗り物でした。

ぼくは勉強をやめました。

明日は雪だろう（明日は雪であろう）。

【ステップミー200字限定作文】

まずは、常体の作文を書かせる「題材・テーマ」から紹介する。

題材・テーマ

あなたの自慢話を強気な態度で書きましょう。（常体の文章）

〈作品例〉


オレ様の自まんはなんだと思うかい。

じゃんけんが強い、あっちむいてホイが強い、運動しんけいがすごい、百人一首が強い、頭がいい、こういうこととは、ちょっとちがう。

実はオレ様はマンガ本をいっぱい持っているんだ。どんなものがあるのかは次のとおり。

宮崎すぐるの本が7さつぐらい。ジャンプ20さつちょっと。ドラゴンボール10さつ以上、スラムダンク25かんまで全部、あだち充が5さつぐらい。

他にもあるんだぜ。すごいだろ。

題材・テーマ

「私はこの国の（女）王様である。」という書き出しで「王様なりきり作文」を書きましょう。（常体の文章）

〈作品例〉


私はこの国の王様である。まず、消費税をなくせと国民がうるさいので、消費税をなくした。

ペソ高フラン安にしろとテレビでさわいでいた。だから、フランスと話し合い、なんとかペソ高フラン安にできた。

私の国の名前はなんだろうか。

それは、㋢国という名前である。

まだ、㋢国は世界地図にのっていない。

だから、時代の波にのれない。

私はこの国の王様だから、消費税をなくせとかペソ高フラン安にしろとかいろいろたいへんである。


続いて、敬体の文章を書かせる「題材・テーマ」を紹介する。

題材・テーマ

友達の「結婚式のスピーチ」の原稿を書きましょう。（敬体の文章）

〈作品例〉

アケボノ君、コニシキさん、ご結こん、おめでとうございます。

私は、アケボノ君と小学校の時、同じクラスでした。

アケボノ君は、とてもあかるく、元気な少年で、だれからも好かれていました。

ぼくが車にひかれた時、おみまいに来てくれました。

おかげ様で、とても元気になりました。

そんな、やさしいアケボノ君だから、コニシキさんを大事にし、とてもしあわせな家庭をきずくことができる気がします。

アケボノ君、この人を大切に。

題材・テーマ

「今日のうそニュース」をテレビアナウンサーが話すように書きましょう。（敬体の文章）

〈作品例〉


チャラッチャラララチャッ。こんにちは。片山です。さて今日最初のニュースにいってみましょう。

今日お昼すぎ東京都の青梅市立霞台小学校でセアカゴケグモが発見されました。発見された場所は、六年三組の担任の机の上です。どうしてこんな場所から発見されたのかはなぞです。でもたぶんその担任の机の上がきたなかったからだと言っています。東京都青梅市のみなさんはとくに気をつけて下さい。

さて次のニュースにいってみましょう。

その他の題材・テーマ
・血も氷るようなこわい話を書きましょう。（常体の文章）
・昔の友達や遠くに住む親類の人に手紙を書いて自分の近況を伝えましょう。（敬体の文章）

5　オノマトペ（擬音語）を作文の中で使う

オノマトペとは何か。

・擬声語……声をまねた言葉　（犬がワンワンほえる。）
・擬音語……音をまねた言葉　（石がポチャンと落ちた。）
・擬態語……ものの様子や人の気持ちを表した言葉　（男の人がふらふら歩いている。）

これらをまとめて「オノマトペ」と呼ぶ。
作文の中に「オノマトペ」を使えるようにしたい。
「オノマトペ」を使って書くと、様子をありありと描写したり説明したりできる。
ここでは「擬音語」（音をまねた言葉）を作文の中で使えるようにトレーニングする。

【ステップ一―視写】

次の例文は、まんが「コボちゃん」の一コマを見て作文にしたものである。
「擬音語」が使われている。

正しく視写させる。

コボちゃんが、植え木ばちをガシャンとわってしまいました。

【ステップ二―推敲】

同じく「コボちゃん」の一コマを使った作文である。今度は「擬音語」がぬけている。「擬音語」を入れて書き直しさせる。

ポチの頭の上をハエがとんでいます。

次のようになる。

ポチの頭の上をハエがブンブンとんでいます。

【ステップ三ー２００字限定作文】

「擬音語」を鍛えるためには、

(1) 「音」が聞こえてきそうなまんがや絵をお話にする。
(2) 「音」を指定して書かせる。

などの方法が有効である。

題材・テーマ

次のまんがを「音を表す言葉」が三つ以上あるお話にしましょう。

四コマまんがを物語にするポイントは次の通りである。

(1)　登場人物を自分だと思って書く（一人称視点で書く）場合と、登場人物の行動を眺めているという設定で書く（三人称視点で書く）場合とがある。どちらかに決めて書く。
(2)　一コマ一段落で書く。
(3)　まんがの「オチ」は四段落目に書く。
(4)　まんがに書かれていないことは想像して書く。

四コマまんがを作文にすることによる効果は多様である。視点を鍛える。また、段落意識を育てることができる。起承転結の文章構成も身につけることができる。実によい教材である。

〈作品例〉


「ゴロゴロ。」

おや、ジロー君が空を気にしています。今にも雨がこぼれそうな天気になってきました。黒い雲がただよい始めました。

「ピカッ。ドドーン。」

とつぜん、かなみりが落ちました。ジロー君はびっくりしました。

「ザーッ。ドカーン。」

雨が降り出し、かみなりも激しく鳴りひびきます。ジロー君は走りだしました。

なんとジロー君はあんまりかみなりがこわかったので、犬小屋にかくれてしまいました。犬がワンワンおこっています。

題材・テーマ

次の「音を表す言葉」の中から三つ以上の言葉を使った「こわい話」を考えて書きましょう。

ギー　ゴトッ　バリーン　ドカッ　ポタン　ヒューッ　パタン　バタバタ　ビシッ

〈作品例〉


ぼくは、今、大きな屋しきに来ています。

なぜ、ぼくがここにいるのかと言うと、ぼくはゆうれいマニアなのです。だから、ゆうれいが出るという屋しきに来ているのです。

その夜、ヒューッと風がふいたかと思うと、ギーとドアがあいて、ろうかのむこうでバリーンという音がしました。

いそいで行くと、上から大きな像が落ちてきました。とっさに、まどから出ると、

「ヒューッ、ドカッ」

目をさますと、ぼくはベッドから落ちていました。

題材・テーマ

運動会の徒競走で、スタートからゴールまでの様子を「音を表す言葉」を三つ以上使って書きましょう。

〈作品例〉


「ヨーイ。」

「バーン。」

さあ、六年生の徒競走が始まりました。

ただ今、二位のA君は今にもころびそうです。

「ドサッ。」

おっと、A君がころびました。A君は最下位になってしまいました。

ただ今、一位で独走しているB君は、もうすぐゴールします。

B君がゴールしました。二位はC君です。三位はD君です。残念ながら最下位になってしまったA君は、ただ今ゴールしました。

「バーン、バーン。」

四人全員ゴールしました。

赤組の優勝です。

題材・テーマ

今、教室にいて聞こえてくる音と、その音は何の音なのかを説明しましょう。

〈作品例〉


「ドタドタドタ。」

「バタバタバタ。」

さて、この音はなんでしょう。この音は、みんな中休みなので外へあそびにいく足おとです。

「ドシン、ドシン、ドシン。」

これは、和田先生がろうかを歩いて教室に向かっていく足おとです。

「ラララー、ラララー。」

「オォーラー。」

これは音ではないけど、こまつ先生がろうかや階だんで歌っているところです。

「ザーザーザー。」

これは、雨の音です。

このように、教室はいろいろな音がきこえます。

その他の題材・テーマ

・自分がおふろに入ってから出るまでの様子を「音を表す言葉」を三つ以上使って書きましょう。
・自分だけのオリジナル音（雨をいつも「ザーザー」と表現するのではなく、「ズワーッズワーッ」と表現したりする）を使った作文を書いてみましょう。

6　比喩表現を使った作文（〜のように・〜のような）

小学生に「比喩表現」を教えたい。
比喩表現は描写や説明には欠かせない作文技術である。
「様子が目に見えるように書く」ためには比喩を使った描写・説明が威力を発揮する。
ここでは「〜のような」「〜のように」（直喩）を使った作文に挑戦させる。

【ステップ一──視写】

次の「比喩表現」を使った例文を視写させる。

例文1　「南の国には、わにのようにおそろしい人間がすんでいる。」
（今西祐行作「土のふえ」より）

例文2　やがて、コスモスは、みどり色のめを出し、羽のような細いはをしげらせました。
（もりやまみやこ作「コスモス」より）

例文1は「〜のように」を使った比喩である。
例文2は「〜のような」を使った比喩である。
例文1では「おそろしい人間」を「わに」にたとえていることを、同じく例文2では「細いは」を「羽」にたとえていることを理解させる。

【ステップ二―推敲】

「～のように」「～のような」を使って、指定した言葉を比喩で表現させる。

(例)「走る」……「チーターのように走る」「山」……「男の体のような山」
① 泣く
② 笑う
③ 倒れる
④ 先生
⑤ 氷
⑥ 長い道

子どもたちは、次のような比喩表現をつくる。

① 泣く…………「赤んぼうのように泣く」「あらしのように泣く」
② 笑う…………「子どものように笑う」「お日様のように笑う」「くるったように笑う」
③ 倒れる………「マネキンのように倒れる」「ドミノのように倒れる」
④ 先生…………「おにのような先生」「ゴジラのような先生」
⑤ 氷……………「ガラスのような氷」「雪山のような氷」
⑥ 長い道………「気の遠くなるような長い道」「世界の果てまで続いているような長い道」

【ステップ三―200字限定作文】

ある形や様子を他人に伝えようとするとき、「〜のような形をしている」「〜のように動く」などと、比喩を使って説明すると効果的である。

ステップ三では、指定された言葉を他人に説明する文章を書かせる。

言葉を定義するといってもよい。

比喩表現を使って説明させるのである。

題材・テーマ

次の言葉を「〜のような」「〜のように」を使って、見たことのない人にもわかるように説明しましょう。

（「それは〜のような形をしています」のように説明します）

簡単コース「学校」
普通コース「スパゲッティ」
難問コース「赤色」

説明させる言葉は他にいくらでも考えられる。

〈作品例〉

まずは、簡単コースの「学校」の説明である。

みなさん学校を知っていますか。そうですか、知りませんか。では、これから教えたいと思います。

勉強とは何か知っていますか。勉強とは頭をよくするためにする事です。

学校とは、先生という大人の人が、６歳から12歳の人に勉強を教える所です。だいたい１クラスが、25人～40人です。多人数で勉強するから、はちの家族のようです。１年生、２年生、３年生、４年生、５年生、６年生とあります。これを学年といいます。楽しい所です。


続いて、普通コースの「スパゲッティ」である。


みなさん、スパゲッティを知っていますか。知らない人のために、スパゲッティのことを教えてあげましょう。

スパゲッティとは、おいしい食べ物です。かみの毛のように長い食べ物です。また、スパゲッティは、ミートスパゲッティやバジリコスパゲッティという種類があります。食べ方は、糸をまくように、フォークにスパゲッティをまきつけて食べます。

みなさん、スパゲッティのことが、よくわかりましたか。スパゲッティを食べましょう。


そして最後に、難問コースの「赤色」である。色の説明は抽象的で難しいはずである。


みなさん、赤を知っていますか。その赤色を、今から説明します。

赤色というのは、人の血のような色です。

よく、信号の一番右の色に使われています。

ほかには、Ｊリーグのチームで、名古屋グランパス８や浦和レッズやかしまアントラーズのユニホームの色に使われています。

国の代表のチームで、かん国のユニホームの色です。

このような所に、赤色という色は使われています。
みなさん、これで赤色というのがなんだかわかりましたか。

その他の題材・テーマ

・〇〇〇の味を「〜のような」「〜のように」を使って、見たことのない人にもわかるように説明しましょう。
・箱の中に何か入っています。さわった感じを「〜のような」「〜のように」を使って説明しましょう。

7　擬人法を使って書く

人間でないものをまるで人間であるかのように書くことを「擬人法」という。ここでは、比喩表現の一つである擬人法を教える。擬人法を使って表現することで、強調の効果を生むことができる。

【ステップ一——視写】

次の例文は、擬人法を使った詩を部分引用したものである。

一つ目の詩では、「湯気」「木の葉」「今日」のように、人間ではないものがまるで人間であるかのように「さよなら」していることに気づかせる。

二つ目の詩は、視点が「一人称」になっている。つまり、人間ではない「大木」が自分自身のことを語っている設定で書かれているのである。だから、「わたしは」なのである。「なりきり作文」の用法である。

これを正しく視写させ、「擬人法」を理解させる。

湯気がコップにさよならする
木の葉が枝にさよならする
今日があしたにさよならする

（原田直友作「またね」より部分引用）

大木
わたしは　どこにもいけないから
上へ歩いた

（原田直友作「大木」より部分引用）

【ステップ二―推敲】

擬人法を使って例文を書き直しさせる。擬人法を使えるようにしていく。
例に従って書き直しさせる。

（例）「星が輝いている」……「星がまばたきしている」
① 電話がなっている。
② ボールが転がっている。
③ 雪が降っている。

子どもたちは次のような擬人法を使って書いた。

① 電話がなっている。……………「電話が呼んでいる」「電話がさわいでいる」
② ボールが転がっている。…………「ボールが前まわりしている」「ボールが走っている」
③ 雪が降っている。…………「雪がおりてくる」「雪が舞っている」

【ステップ三―200字限定作文】

擬人法を使った作文を書かせるには「なりきり作文」がよい。人間ではない「消しゴム」や「動物」になりきって書くのである。

また、様子や事柄を擬人法を使って表現させるのもおもしろい。

題材・テーマ

「ぼく（私）は○○です。」という書き出しで、なりきり作文をかきましょう（○○には「えんぴつ」「消しゴム」など、人間ではないものが入ります）。

〈作品例〉

ぼくは、消しゴムです。ぼくは、消しゴムを作る工場で誕生しました。そして、工場用のトラックでお店に運ばれます。運ばれたお店の名前はミニストップです。ぼくは、そのお店のたなで百円で売られました。お店のたなに置かれて五分ほどしたら十歳の男の子に買われました。

その男の子の家はとても広いです。その後、ぼくは、その男の子の筆箱に入れられました。その男の子に使われて一週間ほどでぼくの消しゴム人生は終わりました。


私は車です。車の人生は長いです。しかし、人間が事故をしてしまうと、ボコボコになってこわされる車もあります。私はもう20年間も生きています。

車は走るのが人生なのに、少しでもはやく走ると白バイにつかまってしまいます。私はつかまったことが50回もあります。友達とレースをしていると、

「そこの車とまりなさい。」

と言われてつかまってしまいます。つかまるとほかの車から、

「あいつ、またつかまっているぞォ。」

と言われます。

その他の題材・テーマ

・激しい台風の様子を擬人法を使って表現してみましょう（風の激しさ、雨の激しさなど）。
・作品例の「消しゴム」へ「えんぴつ」から返事の手紙を書きましょう。
・作品例の「車」へ他の「車」から返事の手紙を書きましょう。

8　書き出しの工夫①―オノマトペで書き出す

書き出しのすぐれた作文は、読み手を引きつける。
小学生に教えたい書き出しの工夫は次の三つである。

(1)　オノマトペで書き出す
(2)　会話文で書き出す
(3)　疑問文で書き出す

ここでは(1)の「オノマトペで書き出す」作文技術を教える。

【ステップ一―視写】

「音」「動物の鳴き声」で書き出した例文を視写させ、「オノマトペ」で書き出していることを理解させる。

「さく、さく、さく。」
「ざく、ざく、ざく。」
ぼくとおかあさんの、くさをとるかまのおとが、しいんとしたあさのみちに、ひびいていきました。

（「小さな親切」作文コンクール入選作より）

「キョユーン、ワンワン。
キョユーン、ワンワン。」
ろくべえがあなにおちているのを、さいしょに見つけたのは、えいじくんです。
（灰谷健次郎作「ろくべえまってろよ」より）

【ステップ二―推敲】

次の例文を「音」や「鳴き声」で書き出す作文に書き直しさせる。

夜、家の外で音がしました。
「ゴトン。」

ねこが、
「ニャーオ、ニャーオ。」
と、ないているのがきこえてきました。

正解は、次のようになる。

「ゴトン。」

夜、家の外で音がしました。

「ニャーオ、ニャーオ。」
ねこがないているのがきこえてきました。

【ステップ三―200字限定作文】

オノマトペで書き出す作文を次の手立てで書かせる。

(1)　一コマ目にオノマトペのある四コマまんがを見て書かせる。
(2)　書き出しのオノマトペを指定して書かせる。

題材・テーマ

次のまんがを「音」で書き出すお話にしてみましょう。

〈作品例〉

「ポーン。」

タロー君がサッカーボールをけりました。ボールは高く上がりました。

「バスッ。」

落ちてきたボールをサンちゃんがヘディングしました。

「バシッ。」

最後に、ヒロシ君がそのボールを思いきりけりました。

けったサッカーボールは穴の中にポトンと落ちました。穴のそばには旗が立っています。なんと、三人はサッカーをしていたのではなく、サッカーボールを使ったゴルフをしていたのでした。三人はパチパチとはく手をしました。


「タッタッタッタッ。」

今、運動会最後の種目「全校リレー」が始まりました。ひかる君が次の走者のたつや君にバトンをわたそうとしています。

ところが、たつや君が速くてひかる君はバトンをわたせません。

だいぶ走ったのにまだバトンがわたせません。ひかる君はだいぶつかれてきました。

おっと、ついにバトンがわたせないまま、次の走者のたろう君のところまで来てしまいました。たろう君は二人が走ってきたのでびっくりしています。

題材・テーマ
次の音や鳴き声で書き出すおもしろい物語を考えて書きましょう。

① バーン
② ポタン
③ ドンドン

〈作品例〉

「ドンドン。」

とだれかがドアをたたいた。

「だれですかぁ。」

と私は声をかけたが返事がない。おそるおそるドアを開けた。

「ギギィィー。」

だれもいない。私はこわくなった。

「ドンドン。」

またなった。私はすぐさまにドアを開けた。

「バタンッ。」

ものすごいいきおいでドアが開く。

「キャハハハ。わぁい、わぁい。出てきたぞぉ。わぁい、わぁい。ざまぁみろぉ。」

と言いながら帰っていく小学二年生。

私は「なんだいたずらか。」とホッとした。

その他の題材・テーマ

・自分で考えたオノマトペで書き出す作文を書きましょう。

9　書き出しの工夫②――会話文で書き出す

書き出しの工夫の二つ目は、「会話文」での書き出しである。

【ステップ一――視写】

次の「会話文」で書き出した例文を示す。

二つの例文の共通点は何か発問し、「会話文から書き出している」ことに気づかせる。

正しく視写させる。


「きゃあっ。」

お母さんのひめいが二かいから聞こえてきました。

（作文教材「やもり」平成八年度版日本書籍2上より）


「やあい、やあい、くやしかったら、つり橋わたって、かけてこい。」

山の子どもたちがはやしました。

（長崎源之助作「つり橋わたれ」より）

【ステップ二―推敲】

次の例文を「会話文」で書き出す作文に書き直しさせる。


お父さんが、大きな石をはこんでいます。

「よいしょ。こらしょ。」

わたしは、

「あそこに光っているものは何だろう。」

と、さけびました。

次のようになる。

「よいしょ。こらしょ。」
お父さんが、大きな石をはこんでいます。

「あそこに光っているものは何だろう。」
わたしは、さけびました。

【ステップ三―200字限定作文】

会話文で書き出す作文の題材・テーマを次のように決める。

(1) 一コマ目に会話文のある四コマまんがを見て書かせる。
(2) 書き出しの会話文を指定して書かせる。

題材・テーマ

次のまんがを「会話文」で始まるお話にしてみましょう。

〈作品例〉


「お母さん、おたんじょう日おめでとう。」

タロー君がお母さんに言いました。お母さんはうれしそうです。

「お母さんはやさしいし、せんたくやそうじもしっかりやってくれる。」

お母さんはタロー君がほめてくれたのでますますうれしそうです。

「だから、あとは…。」

タロー君はなにを言おうとしているのでしょうか。

「お料理がんばって!」

そう言ってタロー君はお母さんにお料理の本をプレゼントしました。

お母さんは少しびっくりです。


「またとれた!」

タロー君がうれしそうに言いました。UFOキャッチャーでくまのぬいぐるみがとれたのです。

「またまたとれた!」

タロー君は次々にぬいぐるみをとっていきます。

タロー君は持ちきれないほどのぬいぐるみをかかえてうちに帰りました。

ところが、うちに着くとお母さんに、

「またムダ使いして!」

としかられました。

お母さんにつまみあげられたタロー君はUFOキャッチャーでもちあげられたぬいぐるみのようです。

題材・テーマ

「あれはなんだろう。」で始まる物語を考えて書きましょう。

〈作品例〉

「あれはなんだろう。」
トイレのドアの前に、変な黒いものがころがっている。まさか、だれかのうんちがころがっているのか。でも、今私は一人でおるす番中だ。うちの人があんな所でするわけがない。もしかしたら、お母さんがでかける前に、小さい子が来ていたのか。どうしても気になったので、長いぼうを持ってたたいてみた。
「ガツ。」
「あれ。」
変だなと思ったのでおそるおそる近づいてみた。よく見ると、それは、かりんとうであった。

その他の題材・テーマ

- 「あれっ？　ここはどこだ？」で始まる物語を考えて書きましょう。
- 「ついに発見したぞ。」で始まる物語を考えて書きましょう。
- 「ただいまあ。」で始まる物語を考えて書きましょう。

10　書き出しの工夫③――疑問文で書き出す

書き出しの工夫の三つ目は「疑問文で書き出す」である。「～でしょうか」「～だろうか」と問いかける形での書き出しは読み手を引きつける。

【ステップ一――視写】

次の「疑問文」で書き出した例文を示す。

二つの例文の共通点は何か発問し、「疑問文で書き出している」ことに気づかせる。

正しく視写させる。

> 今度の夏休み、わたしはどこへ行くのでしょうか。
> 実は、ハワイへ行くのです。今からとても楽しみです。

> 先生はどんな人なのだろうか。
> 先生はやさしい人である。

【ステップ二――推敲】

次の例文を「疑問文」で書き出す作文に書き直しさせる。

ぼくの宝ものはおじいちゃんからもらった「たいこ」です。

友だちのひろし君はとても元気な男の子である。

次のようになる。

ぼくの宝ものは何でしょうか。
それは、おじいちゃんからもらった「たいこ」です。

友だちのひろし君はどんな人なのだろうか。
ひろし君はとても元気な男の子である。

【ステップ三―200字限定作文】

題材・テーマ
自分の顔を動物にたとえると何になるか、「疑問文」で書き出す作文で書きましょう。

〈作品例〉


私の顔は動物に例えるとなんだろうか。私は家族に聞いてみることにした。

最初に、お父さんに聞いてみた。お父さんはしばらく考えて、

「さるだ。さる。」

と笑いながら答えた。

次に、お母さんに聞いてみることにした。

「よくいえばリスかな。悪くいうとさるだなぁ。」

最後に、お兄ちゃんに聞いてみた。お兄ちゃんは考えもせず、

「さるかぶたに決まってるだろう。」

と答えた。

三人の意見で同じだったのは「さる」だった。

ぜったいにちがうぞ。

題材・テーマ

自分の友達・家族・先生などがどんな人なのか「疑問文」で書き出す作文で説明しましょう。

〈作品例〉


村野先生はどんな先生なのでしょうか。

村野先生は楽しい先生です。

それは、授業中に楽しい話をしてくれるからです。でも、ただ楽しい話をするだけでは楽しくありません。そ

こを、先生は楽しい動作や絵を書いて話してくれます。
だから、楽しい先生なのです。
また、先生のいい所は、勉強の教え方です。算数だったら、どうしてこのような式になったか教えてくれます。
他の人のやり方も学べます。
だから、勉強の教え方がうまい先生です。

その他の題材・テーマ

・児童会会長に立候補した友達の推薦文を「疑問文」で書き出す作文で書きましょう。
（例　○○○君はどんな人だと思いますか？）

11　名詞止めを使った作文

「名詞」で文が終わる書き方を「名詞止め」あるいは「体言止め」という。名詞止めを使って文章を強調することができる。

名詞止めの手法は文学作品だけに使われているわけではない。他にも「CMのキャッチコピー」や「標語」「本の題名」「新聞のみだし」にも多く使われている。

【ステップ一―視写】

次の例文は「川とノリオ」（いぬいとみこ作）の中から「名詞止め」が使われていた文を引用した。正しく視写させる。

例文1　ひやっと冷たい三月の水。
例文2　おそろしそうな、人々のささやきの声。
例文3　ぼしゃぼしゃと白くなった、じいちゃんのかみ。
例文4　ザアザアと音を増す川のひびき。

【ステップ二―推敲】

ステップ二では例文を「名詞止め」の文に変換させる。
次の例文を（　）の中の名詞で終わる一文に書き直しさせる。

先生は夏休みに京都へ行った。
（先生）→
（夏休み）→
（京都）→

正解は次のようになる。

（先生）→夏休みに京都へ行った先生。
（夏休み）→先生が京都へ行った夏休み。

〔京都〕
↓
先生が夏休みに行った京都。

〔夏休み〕と〔京都〕で終わらせる場合には「先生は」を「先生が」としなくてはならないので注意が必要だ。この指導法は向山洋一著『国語の授業が楽しくなる』より学んだ。

【ステップ三―200字限定作文】

題材・テーマ

あなたの考えた新製品のキャッチコピーを「名詞止め」で書き、その宣伝文を書きましょう。

（次のような「名詞止め」の使われた新聞広告を見本として示すとよい）

駆けぬける喉ごし。
（サッポロビール）

熱・のどの痛みに効く総合かぜ薬。
（エスエス製薬）

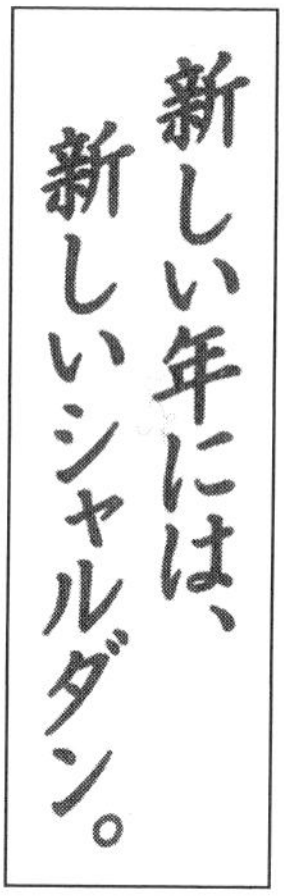
新しい年には、
新しいシャルダン。
（エステー化学）

〈作品例〉


「光る頭に増えるかみの毛」

最近気になる頭の方にぜひ飲んでもらいたい。この商品は一本飲むとかみの毛が五倍に増えるというその名も「ピンポイントファイブ」。なんと今話題のアロエエキス配合。

このドリンクは、夜一回食後に飲んでください。朝起きればもうびっくり。自分が若がえっているよう。本物より本物らしい。

この商品は限定百本。明日発売。はやい者勝ちです。買わなきゃそんそん。

頭の気になる方、今すぐお店へ行こう。


「あなたも今日からフレッシュ」

この商品は「自動ハブラシ」です。これでみがけばぜったいにむし歯ができません。な…なんと三十秒でおわり。すごいスピードで回ります。でも少し危ないです。歯ぐきにあてると歯ぐきがふっとんでしまいます。しかし、これさえ注意すればかんぺきにフレッシュになれます。あ…もう一つ、歯みがき粉はつけないでください。それは、ふっとんでしまうからです。何もつけずにピッカピカ。千円で発売中。

その他の題材・テーマ

・新聞記事を書きましょう。みだしは「名詞止め」で書きましょう。
（次のような「名詞止め」の使われた新聞記事を見本として示すとよい）

米西部で吹雪
や寒波大暴れ

（読売新聞　平成8年1月21日）

・短編小説を書きましょう。題名は「名詞止め」で書きましょう。
・交通安全・読書週間などの標語を「名詞止め」で書きましょう。その後で標語の説明文を書きましょう。

12　起承転結の文章構成

起承転結の文章構成を教える。
起承転結の文章構成とは次の文章構成法である。

起……………文章の書き出し
承……………「起」を受けて展開する。「起」の続き。
転……………「起」「承」の流れに別のテーマを持ち込むことで一転して変化を持たせる。
結……………「起」で書き出したもとのテーマにもどり、全体を結ぶ。

ドラマチックな展開にふさわしい文章構成である。
そこで、起承転結の文章構成を四コマまんがを使って学習させる。

四コマまんがは起承転結の文章構成で書かれていることが多い。四コマまんがのストーリーを作文にすることで、起承転結の文章構成を身につけさせることができる。

【ステップ一―視写】

まずは、次の「四コマまんが」と「例文」を提示して視写させる。

ぼくは走り幅とびをしていました。思いきり助走しました。（起）
ぼくは思いきり地面をけりました。フワッと体が空中にうかびました。（承）
ところが、着地したとたんズボッと音がして、ぼくは地面にうまってしまったのでした。一体何が起きたのかわけがわかりませんでした。（転）
その時、シャベルを持った一人の男の子がぼくに近づいてきて言いました。
「ごめん。砂場は落とし穴が作りやすいんだ…。」
砂場に落とし穴を作るなんて信じられない子です。（結）

四コマまんがを作文にするときのポイントを子どもたちに話す。

(1) 登場人物の少年を自分だと思って書く（一人称視点で書く）場合と、登場人物の行動を眺めているという設定で書く（三人称視点で書く）場合がある。どちらかに決めて書く。
(2) 一コマ一段落で書く。
(3) まんがの「オチ」は四段落目（結）に書く。
(4) まんがに書かれていないことは想像しながら書く。

【ステップ二―推敲】

四コマまんがを見て、順序がバラバラになった例文を正しい順序に書き直しさせる。起承転結の文章構成になるように書き直しさせるのである。

（7）なんと、トンボはゆうびんポストのマークの上にかさなるようにかくれていたのでした。
（5）あれ？　トンボのすがたが急に見えなくなりました。
（2）トンボはどんどんにげていきます。
（4）しかし、トンボはすばやく虫とりあみをかわしてにげてしまいました。
（8）すっかり男の子はだまされてしまいました。
（1）男の子が虫とりあみを持ってトンボを追いかけていました。
（6）トンボはどこにいってしまったのでしょうか。
（3）男の子は虫とりあみを思いきりふりおろしました。

まず、それぞれの文に正しい順序になるよう番号をふらせる。次に、正しく並べられていたら全文を正しく書き直しさせる。

（　）の数字が正しい順序である。

このように、バラバラになった文をある構成法に基づいて再構成させる学習が文章構成指導には効果的である。

【ステップ三―200字限定作文】

ステップ一・ステップ二で書いた「起承転結」の文章構成を使って四コマまんがを作文にする。ステップ一で示した「書き方のポイント」に従って書かせる。

題材・テーマ

次の四コマまんがを「起承転結」の構成による作文にしましょう。

〈作品例〉

ぼくたちは音楽の授業でハーモニカをふいていました。みんないい音を出しています。

ところが、ぼくはあることに気付きました。隣の子のハーモニカの音が聞こえないのです。

そこで、ぼくは、

「きみのハーモニカ、音が出てないんじゃない。」

と聞いてみました。隣の子はびっくりした顔をしました。

なんと、隣の子はハーモニカをふいていたのではなく、とうもろこしを食べていたのです。音楽の授業でとうもろこしを食べるとは驚きです。


タロー君は友だちと三人でいなかへ遊びにきています。タロー君は言いました。

「さすがにいなかの川はきれいだな。」

タロー君は川の水を手ですくって一口のむと、

「水もおいしい!」

と言いました。

タロー君は友だちがさっきからだまって立っていることに気づき、

「どうしてみんなは水をのまないの?」

とききました。友だちはだまって川上を指さしました。

なんと、川の中に大きな牛がいたのです。タロー君はのんだ水をはきだしました。

その他の題材・テーマ

・次の四コマまんがを「起承転結」の構成による作文にしましょう。

13　起承束結の文章構成（論説の文章構成）

市毛勝雄氏は「説明文」を次の二つに分ける。

(1)　情報教材……記録・報告・説明など（記述の主眼は事物・現象）

(2) 論説教材……意見・主張・論説など（記述の主眼は意見・主張）

この二つの説明文を書けるようにしたい。
ここでは(2)の「論説教材」型説明文の書き方を指導する。
市毛氏は論説の文章構成法として「起承束結」を提唱している。市毛氏は、「約八〇〇字の文章例を頭において述べる」として「起承束結」を次のように説明している。

はじめ（これを「起」と称する）
この初めの部分は全体の内容の予告・紹介・あらまし等を述べるところ。長さは全体の一〇分の一くらい。短いほど良い。八〇〇字くらいなら一段落で書く。
なか（「承」と称する）
具体例を提示する部分。文章全体の長さにもよるが具体例をいくつか叙述する。八〇〇字くらいなら二、三例か。段落が二～三個となる。意見・感想をこの部分には書かない。長さは一〇分の七。一文章中いちばん長い部分である。
まとめ（「束」と称する。いわゆる「転」ではない。ここがかんじんなところ）
具体例に共通する性質をとり出して述べる部分。個性的なものの考え方がここに表れる。長さは一〇分の一。一段落で書く。
むすび（「結」と称する）
「まとめ」でとり出した具体例の性質が一般的な価値を有すると主張する部分。価値の一般化・普遍化である。長さは一〇分の一。一段落で書く。

（『間違いだらけの文章作法』市毛勝雄著　明治図書）

「論説教材」型説明文の書き方を子どもたちに身につけさせるには「起承束結」の文章構成を教えればよい。

ここでは「起承束結」の文章構成を２００字で書かせる。

【ステップ一―視写】

２００字で書かれた次の例文を示す。

> 今、大気中のオゾンが減少している。オゾンが少なくなり、地上に降り注ぐ紫外線の量が増すと、どのような影響があるのだろう。
> 人間には皮膚がんが増えたり、目の病気が増えたりするだろうといわれている。
> また、植物の生育もさまたげられ、農作物にも大きな影響が出ると推定される。
> このように、今、地球上の生命が危機にさらされようとしている。
> 今こそ、人々が知恵を出し合って、問題の解決に当たらなければならない時なのである。
> （「オゾンがこわれる」国語六上　創造　平成四年度版　光村図書の改作）

この例文は、「起承束結」の文章構成法に基づいて次のように構成されている。

起	話題提示文 問いかけ文
承	具体例１ 具体例２

束	具体例1・2の束ね（二つの具体例の共通点）
結	書き手の感想や意見

視写を通してこの構成をとらえさせる。

【ステップニ―推敲】

次の例文を「起承束結」の文章構成に基づいて正しい順序に書き直しさせる。

（5）また、ホタルは暗い場所を好む。
（2）では、水をきれいにすればホタルはもどるのか。
（4）しかし、川の底はコンクリートになり、川べりの木もない。
（3）ホタルの幼虫は川に住む貝をえさにし、成虫は川べりの木や草を交尾や休息の場にしている。
（7）このように、水をきれいにするだけではホタルはもどらない。
（1）人間が水をよごしたので、ホタルを見かけなくなったという。
（8）人間による自然の改造がホタルの住む環境をせばめたといえるだろう。
（6）だが、川べりは街灯で明るく照らされている。

（「ホタルの住む水辺」国語五上　銀河　平成八年度版　光村図書の改作）

まずは、正しい順序になるようそれぞれの文に番号をふらせる。（　）内の数字が正しい順序である。それができたら、全文を正しい順序で書き直しさせる。

【ステップ三―200字限定作文】

ステップ一・ステップ二で書いた例文を参考にして論説文に挑戦させる。

なお、市毛氏は「起承束結」の文章構成は次の順序で書くのがよいという。

承→束→結→起

そして、「このような順序で書けば、首尾一貫しない文章に、なるはずがない。論文は論理の一貫性を尊ぶから、この方法がよい」（前掲書）という。

私は「一文が書けたら見せにいらっしゃい」と指示して、一文ごとに目を通していった。論理の一貫性が寸断されないようにチェックしていった。

題材・テーマ
学校のきまりの中でこんなきまりはいらないというものを一つ選び、なぜいらないのかが校長先生にもわかるように起承束結の文章構成で書きましょう。

〈作品例〉


学校ではかってに屋上に入ってはいけないというきまりがある。そのきまりはいらないのではないか。

それは、屋上にはちゃんとさくがついている。

だから、屋上はあぶなくない。

また、人間は時々一人になりたい事情がある。その時一番一人になりやすい所はすずしくて心がおちつく屋上なのである。

また、屋上は愛の告白をしやすい所なのだ。

このように屋上じゃないとしづらい事がある。

今こそ校長先生、あなたはきまりをなくすべきだ。

題材・テーマ
給食のメニューにぜひ入れてほしい食事を一つ決め、なぜ入れてほしいのかが給食センターの人にもわかるように起承束結の文章構成で書きましょう。

〈作品例〉


学校の給食には、いろいろな食べ物がでる。その中で、一番給食に入れたい飲み物は、「ジュース」である。

なぜ、ジュースを給食に入れてほしいのか。

それは、給食にジュースがでれば、学校のみんなも、給食が待ちどおしくなるからである。

それに、学校の生徒も、のこさず、おいしく飲めるからである。

このように、給食にジュースがでれば、生徒もよろこんで飲めるはずである。

三学期にはぜひ給食にジュースを入れてほしいのである。

題材・テーマ
担任の先生はどんな人なのか、他学年の友達にわかるように起承束結の文章構成で書きましょう。

〈作品例〉

ぼくの担任の先生は村野先生という。三十二歳だ。では、村野先生はどんな先生なのか。村野先生は変な話をして楽しく授業をしてくれる先生だ。とくに安藤君の話は最高だ。また、よく中休みや昼休みにいっしょに遊んでくれる先生だ。よくサッカーをする。このように、村野先生はおもしろくていっしょに遊んでくれるとてもいい先生なのだ。だからこれからも、村野先生から楽しく授業を受けていっしょに遊んでもらいたいと思っている。

その他の題材・テーマ

・教室にあったほうがよいものを一つ選び、なぜあったほうがよいのかが担任の先生にわかるように起承束結の文章構成で書きましょう。
・あなたが今、声を大にして訴えたいことを起承束結の文章構成で書きましょう。

14　時間的順序に従って書く

述べ方の順序を鍛える。述べ方の順序には次の三つが考えられる。

(1)　時間的順序
(2)　空間的順序

ここでは「時間的順序」を鍛える。

「時間的順序」による述べ方とは、体験したことや事件などを起こった順序に従って述べることである。

なお、「順序」に関する私の実践は、大森修編著『順序を鍛える』(明治図書)から多くを学ばせていただいた。

【ステップ一―視写】

次の例文は、まんがの内容を時間的順序に従って表した作文である。時間的順序を鍛えるには「時間の順序を表す接続語」を使えるようにすることが大切である。

この例文では、「初めに」「次に」「それから」「最後に」の四つの接続語を使って時間的順序を表現している。

正確に視写させる。

> 初めに、ぼくはねんどをこねてやわらかくしました。
> 次に、やわらかくなったねんどで、一匹のかいじゅうを作りました。
> それから、一軒の家と一台の自動車を作りました。
> 最後に、全部をたたきこわしました。作るのも楽しいけれど、こわすのも楽しいです。

【ステップ二―推敲】

ステップ一と同じく、四コマまんがを作文にした例文を示す。ただし、例文はバラバラに配置されている。これを正しい順序に書き直しさせる。

「正しい順番に番号をつけなさい」と指示し、正しく番号が書けていたら、書き直しさせる。

（5）それから、
（3）次に、
（8）積み上げたかんと石にめがけてボールを投げました。
（4）かんの上に石を積み上げました。
（7）最後に、
（2）ぼくはかんを二つ積み上げました。
（9）みごとに命中しました。
（6）ぼくはその場を立ち去りました。
（1）初めに、

（　）内の数字が正しい順序である。ステップ一の例文を参考にして考えさせる。

【ステップ三―２００字限定作文】

題材・テーマ

次の四コマまんがの順序はバラバラです。正しい順序になおしましょう。

正しい順序になおしたら、「初めに」「次に」「それから」「最後に」を使って作文を書きましょう。

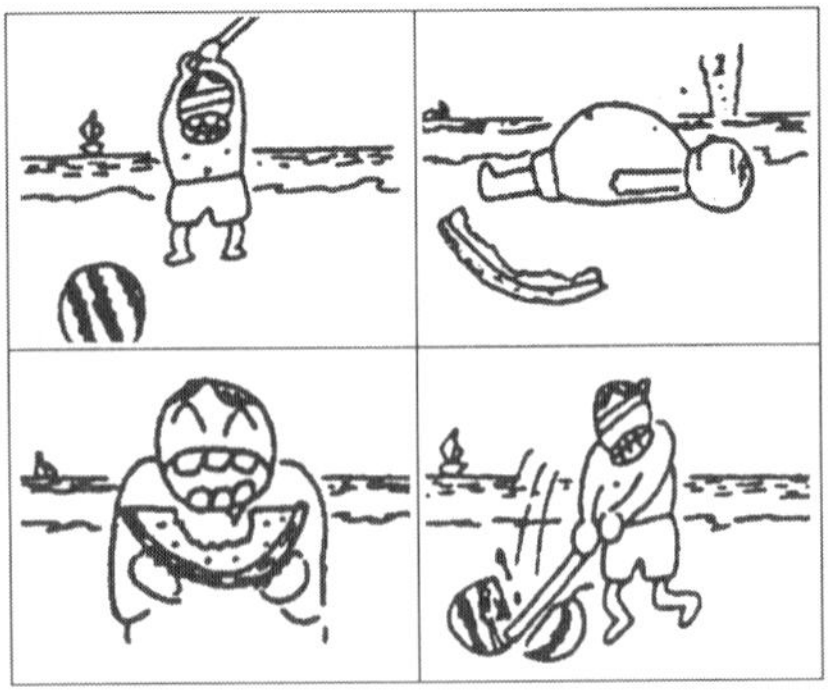

〈作品例〉


ぼくは友だちと雪合戦をしました。

初めに、ぼくは雪だるまのかげで雪玉を作りました。

次に、その雪玉を相手めがけて投げました。

それから、ぼくはすばやく相手の雪玉をよけようと雪だるまのかげにかくれました。相手の雪玉が雪だるまの頭にあたりました。雪だるまの頭がふっとびました。

最後に、ぼくの頭の上に雪だるまの頭が落ちてきました。ぼくはすっかり雪まみれになってしまいました。まるでぼくが雪だるまになったようです。


初めに、男の子がすいかわりをしようとしています。目ははちまきで目かくししています。手にはぼうを持っています。すいかに近よってきました。

次に、男の子は思いきりぼうをふりおろしました。みごとにすいかを半分にわることができました。

それから、男の子はわったすいかをニコニコしながら食べました。

最後に、男の子は海岸でねてしまいました。すいかをたくさん食べてねむくなったのでしょう。おなかが大きくふくれています。

その他の題材・テーマ

・自分がしたことや見たことを「初めに」「次に」「それから」「最後に」を使った作文にしてみましょう。
・先生のしたことを「初めに」「次に」「それから」「最後に」を使った作文にしてみましょう。

15　空間的順序に従って書く①――左から右へ

空間の事物をある順序に従って述べるのが「空間的順序」である。「ある順序」とは、例えば、次のような順序である。

・左から右へ
・上から下へ
・手前（近く）から後ろ（遠く）へ
・周辺部から中央へ
・大から小へ

当然、それぞれの逆もありうる（右から左へなど）。
空間的順序を鍛えることで、事物を描写したり説明したりする力を鍛えることができる。
まず、ここでは「左から右へ」の順序を扱う。

【ステップ一――視写】

次の絵と例文を示し、視写させる。

一番左がわに赤いりんごがあります。
その右がわにはむらさき色のぶどうがあります。

そして、一番右がわに黄色いバナナがあります。
どれもおいしそうです。

例文が、次の構成になっていることを子どもたちに話す。

	場所を表す言葉	様子を表す言葉	物を表す言葉
第一文	一番左がわ	赤い	りんご
第二文	その右がわ	むらさき色の	ぶどう
第三文	一番右がわ	黄色い	バナナ
第四文	感想		

【ステップ二―推敲】

次の写真とその例文を示す。例文は順序がバラバラである。

（2）三かも君の右がわにいるのがかやつ君です。
（1）一番左がわでめがねをかけているのが三かも君です。
（4）三人はなかよしです。
（3）かやつ君の右がわでぼうしをかぶっているのが並木君です。

ステップ一の例文を参考にして「左から右」の順序に書き直しさせる。
（　）内の数字が正しい順序である。

【ステップ三―200字限定作文】

空間的順序を鍛えるため、

(1) 人物画・風景画を説明させる。
(2) 人物写真・風景写真を説明させる。
(3) 実際の人物・風景を説明させる。

などの方法が考えられる。

題材・テーマ

下の写真を他の人に見せて、友達について説明しようと思います。
左から右の順序で説明する作文を書きましょう。

↑小倉君　↑倉富さん　↑原君　↑酒井さん

〈作品例〉


一番左がわにすぐにムキになる小倉君がいます。

その右がわには、図工の時間おもしろい絵や下品な絵を書く倉富さんがいます。

その右がわには、いつもいつも笑顔の、サッカーとバスケットボールと野球のうまい原君がいます。特に野球がうまいです。

そして一番右がわには、絵を書くのがめちゃくちゃうまい酒井さんがいます。

四人はみんな同じクラスメイトで男の子はスポーツマン、女の子は絵を書くのがめちゃくちゃうまい子たちです。

題材・テーマ

上の絵の内容が他の人にも伝わるように、左から右の順序で説明する作文を書きましょう。

〈作品例〉

一番左がわに家があります。ちょっと右ななめに向いています。縦長のちょっとおしゃれな、細い家です。その右がわに木が一本あります。左がわの家より、二倍ほど大きな木です。長生きしたようなので、ぎっちりした大木です。
そして、一番右がわに家があります。今度は、縦長の家とちがって横長の家です。ちょっと左ななめに向いた、大きい家です。
静かで、鳥が鳴いていそうなやさしい絵です。夕焼けがあったら、美しそうな絵です。

その他の題材・テーマ

・教室の中の様子を左から右の順序で説明しましょう。
・教室から見える景色を左から右の順序で説明しましょう。

16　空間的順序に従って書く②——前から後ろへ

「前から後ろ」の空間的順序で作文が書けるようにする。要するに「遠近法」である。「遠近法」であるから、情景の描写や説明をするときに有効に用いることができる。

【ステップ一——視写】

まず、次の絵と例文を提示する。

おもちゃばこの一番手前に、少しよごれたサッカーボールがはいっています。
その後ろに、くまのぬいぐるみがあります。
そして、一番後ろに、おもちゃのバットが立っています。
ぼくはバットを一番大切にしています。

例文の構成は次の通りである。

第一文　一番手前のものを説明する。
第二文　真中のものを説明する。
第三文　一番後ろのものを説明する。
第四文　最後に感想や意見を一文で書く。

例文を視写させることで、この構成を理解させる。

【ステップ二―推敲】

次の例文と写真を提示する。
文章は、順序がバラバラになっている。
手前から後ろに説明する順序に書き直しさせる（（　）内の数字が正しい順序）。

（3）そして、一番後ろでめがねをかけている男の子がふな木君です。
（1）一番手前で笑っている男の子が山中君です。
（4）三人は同じ学級の友だちです。
（2）その後ろにいる女の子が松本さんです。

【ステップ三ー200字限定作文】

「手前から後ろ」の空間的順序で並んだ「写真」や「絵」を提示する。ステップ一とステップ二で学んだ書き方を使って写真や絵を説明させる。

題材・テーマ

上の写真を他の人に見せて、友達について説明しようと思います。前から後ろの順序で説明する作文を書きましょう。

〈作品例〉

これから、私のクラスの三人をしょうかいします。
一番手前にいる女の子は、栗林さんです。カメラ目せんで笑っています。くびを、しめられそうになっています。

その後ろには、森下さんがいます。栗林さんのくびをしめてやろうと思っているんじゃないでしょうか。また、カメラ目せんです。

一番後ろには、古川君がいます。おうえん団のボンボンを持っています。なんで持っているのでしょうか。

三人のことが、よくわかったでしょうか。

題材・テーマ
次の絵や写真の内容が他の人にも伝わるように、前から後ろの順序で説明する作文を書きましょう。

〈作品例〉
「絵」の説明から紹介する。

ここはきれいな海です。

ぼくは今この海にいます。

一番手前に見えるのがねずみ色の砂はまです。

その後ろにあるものが小さいやしの木です。

やしの木のとなりに見えるのが大きいやしの木です。

そのとなりにもまた小さなやしの木があります。

三本のやしの木の後ろには波がおだやかな海が見えます。

その海のおきのほうに、ぼろぼろのヨットがあります。

海の上のほうに入道雲が空一面広がっています。

今日のきれいな海は、これでおわり。


続いて「写真」の説明である。


今日は、スイスに来ています。ここの景色は、ほかではまねできないほどうつくしいです。

ここから見て、景色の一番手前には、山の谷間にできた池があります。そこには、景色を見ている人が四人います。あと池には山のかげがうつっています。

その池の左の方には、雪がすこしかかった山があります。

その後ろには、山頂がとがり、雪がかなりかかった山があります。池にうつっていた山はこの山です。

ぜひ、この景色を見に来てください。

その他の題材・テーマ
・教室の友達の座席を前から後ろの順序で説明しましょう。（一番前に座っているのは○さんです）
・教室から見える景色を前から後ろの順序で説明しましょう。（一番手前には朝礼台があります）

17　論理的順序に従って書く

「順序」の三つ目は「論理的順序」である。

「時間的順序」「空間的順序」が自然の順序であるのに対して、「論理的順序」は抽象的な思考の順序である。

論理的順序は自分の意見を論理的に主張するときに用いられる。

ここでは「論理的順序」に従って意見文を書かせる。

【ステップ一――視写】

次の意見文を示す。


先生は男なのか女なのか。

先生は男なのである。

なぜか。

第一に、先生にはひげが生えているからである。

もし、先生が女ならば、ひげは生えていないはずである。

しかし、先生にはけっこう濃いひげが生えている。

第二に、先生はいつも男の服装をしているからである。
もし、先生が女ならば、時にはスカートをはいてくることもあるはずである。
しかし、スカートをはいてきたところを一度も見たことがない。
だから、先生は男なのである。

この例文のアウトラインは次の通りである。
このアウトラインを意識させながら正確に視写させる。

第一文　問題提起文。
第二文　結論（一文で示す）。
第三文　「なぜか」という問いの文。
第四文　第一の理由。
第五文　もし、～ならば、～のはずである。
第六文　しかし、
第七文　第二の理由。
第八文　もし、～ならば、～のはずである。
第九文　しかし、
第十文　だから（結論）。

【ステップ二―推敲】

バラバラに書かれている例文を正しい順序で書き直しさせる。まず、正しい順序になるよう番号をふらせる。正しくできていたら、全文を書き直しさせる。

（9）第二に、勝負を競うことが多いからである。
（2）私は体育は楽しいと考える。
（5）もし、
（11）勝負を競うことがなかったら、あまり楽しくなかったはずである。
（15）体育は楽しいのである。
（10）もし、
（4）第一に、体を動かすからである。
（13）体育はバスケットボールで点をとりあったりして勝負を競う。
（7）しかし、
（6）体を動かさなかったら、あまり楽しくなかったはずである。
（8）体育はリレーで走ったりして体を動かす。
（12）しかし、
（14）だから、
（1）体育は楽しいか、楽しくないか。
（3）なぜか。

（　）内の数字が正しい順序である。

【ステップ三―200字限定作文】

ステップ一・ステップ二で書いた意見文のアウトラインを使って、簡単な意見文に挑戦させる。ディベートの論題のように「AかBか」型意見文が初めのうちは書きやすい。

題材・テーマ

お化けはいるのかいないのか、自分の意見を書きましょう。

〈作品例〉


お化けはいるのか、いないのか。

私はお化けはいると考える。

なぜか。

第一に、心霊写真があるからである。

もし、お化けがいなければそんな写真はないのである。

しかし、集合写真のすみに人影が写っている心霊写真を実際にテレビで見たことがある。

第二に、お化けを見た人がいるからである。

もし、お化けがいないのなら、見た人はいかれてることになる。

しかし、先生は見たと言うが特にいかれてないのだ。

だから、お化けはいるのである。

題材・テーマ

廊下は走ってもよいか、悪いか、自分の意見を書きましょう。

〈作品例〉

廊下は走ってもよいか、悪いか。
私は、廊下を走るのは悪いと考える。
なぜか。
第一に、廊下はせまいので走ると人にぶつかってしまう。
もし、広い外なら、走っても人とぶつかる可能性は少ない。
しかし、廊下ははばがせまいので危ないのである。
第二に、廊下を走ると転びやすい。
もし、ぜったい転ばないのなら、走ってもいいだろう。
しかし、じっさいに水飲み場で転んだ人を見たことがある。
だから、廊下を走るのはとっても悪いのだ。

その他の題材・テーマ

・夏と冬ではどちらが楽しいか自分の意見を書きましょう。
・男と女ではどちらが得か自分の意見を書きましょう。
・大人と子どもではどちらが得か自分の意見を書きましょう。
・宿題はあったほうがよいか、ないほうがよいか自分の意見を書きましょう。

・給食と弁当ではどちらがよいか自分の意見を書きましょう。
・制服はあったほうがよいか、ないほうがよいか自分の意見を書きましょう。
・クリスマスとお正月ではどちらがよいか自分の意見を書きましょう。
・結婚したほうがよいか、しないほうがよいか自分の意見を書きましょう。
・夏に出かけるなら山と海のどちらがよいか自分の意見を書きましょう。

18　比喩表現を使った情景描写

情景描写力を高めるには、次の作文技術を身につけておかなくてはならない。

(1)　空間的順序（視点の移動）による叙述
(2)　オノマトペ、比喩、擬人法などの修辞法

ここでは「比喩表現」を使った情景描写のトレーニングを行う。

【ステップ一――視写】

次の例文は「比喩表現」を使った情景描写である。

あたたかい、かぐわしい夏の夕べ。空にはお月様。星が二つ三つ。その光に、おかの原っぱは、一面、青白い銀のシーツを広げたみたいでした。

（アリスン＝アトリー作「麦畑」より）

月の光に照らされた原っぱの様子を「青白い銀のシーツ」にたとえている。

> 道を一つ曲がったとき、ふと、空がとてもまぶしいと思いました。まるで、みがき上げられた青いガラスのように……。
>
> （安房直子作「きつねのまど」より）

空の様子を「青いガラス」にたとえている。

> 風は　ぴたりとやんでいた
> 木はまるで　大男の銅像みたい
> 静かに静かに立っていた
> 月の光が　きらきらこぼれて
> 空いちめんに　まぶしいばかり
>
> （ジェイン＝ヨーレン作「月夜のみみずく」より）

木を「大男の銅像」にたとえている。

> 暗い暗い夜が、ふろしきのようなかげを広げて、野原や森をつつみにやってきましたが、雪はあまり白いので、つつんでもつつんでも、白くうかび上がっていました。
>
> （新美南吉作「手ぶくろを買いに」より）

暗い夜のかげを「ふろしき」にたとえている。

正確に視写させることで、比喩を使った情景描写の書き方を理解させる。

【ステップ二―推敲】

絵とその情景を描写した例文を示す。より効果的に描写できるように「比喩表現」を使った情景描写に書き直させる。

> 一本道が地平線のかなたまで続いている。その道の左右には、並木が続く。この並木道を少し行った右側にはポツンと一軒の家がある。

例えば、子どもたちは次のように書き直す。

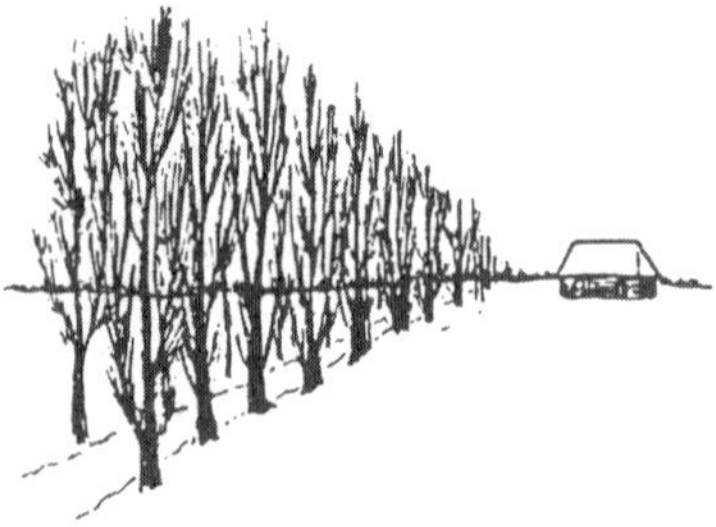

> 一本道が地平線のかなたまで続いている。その道の左右には、並木が続く。まるで大きなかべができたように。この並木道を少し行った右側にはポツンと一軒の家がある。

> 一本道が地平線のかなたまで続いている。その道の左右には、兵隊のように並木が続く。この並木道を少し行った右側にはポツンと一軒の家がある。

【ステップ三―２００字限定作文】

ステップ二と同様、絵や写真の情景を作文にさせる。もちろん、比喩を使ってである。と同時に「空間的順序」に従って書くことにも留意させる。

題材・テーマ

次の絵の情景を比喩を使って描写しましょう。

①

②

③

〈①の作品例〉

土の上に思い切り姿を現したような木が一本立っている。その木には葉があまりついていない。まるで取り残され子どもの様だ。その後ろには木がたくさん立っていた。その後ろには山がある。その山は木に囲まれていて、山と木々たちがお祭りをしているみたいだ。全体的に見れば山と木々たちが、お祭りをしているのを、遠くで一本の木が見ている様にも見える。

少しかなしそうな、そんな風景だ。きっと空は真っ青なグラデーションだろう。


〈②の作品例〉


一番手前に羊が住む牧場がある。その後ろに野原がぽつんと一つ。そのまた後ろには大きな森が…。森の後ろにはまた小さな野原が一つ。繰り返すように後ろには森がまた…。

森の後ろにはなんて美しいお城があるのだろう。まるで王子様が住んでいるような…。

一番後ろにはたくさんの山がある。ラクダがたくさんいるようだ。その後ろにはまだまだ山があるのかもしれない。また、村もありそう。

空は真っ青。なんてすばらしいのだろうか。


〈③の作品例〉


青くすんだ空のような海。波は雲のように白い。あたりはただ波の音しか聞こえない。

潮風が冷たい氷のようにつきささる。

大男のようにごつごつして強そうな大きい岩。高いがけの上には緑色のじゅうたんのような草原がどこまでも続いている。

草原は潮風にゆれている。その草原にかこまれるように、せいたかノッポのように高くてがっちりとした白い灯台がすっくりと立っている。少し灯台の根本からは赤茶色っぽいさびがうきでている。

その他の題材・テーマ

・名画の情景を比喩を使って描写しましょう。
・カレンダーの風景写真の情景を比喩を使って描写しましょう。
・教科書の扉のカラー写真の情景を比喩を使って描写しましょう。
・教室の窓から見える景色を比喩を使って描写しましょう。

19　情報を伝達する説明文①――道順を説明する

市毛勝雄氏は「説明文教材」を次の二つに分ける。

(1)　情報教材……記録・報告・説明　など（記述の主眼は事物・現象）
(2)　論説教材……意見・主張・論説　など（記述の主眼は意見・主張）

この二つの説明文を書けるように指導したい。
ここでは、(1)の「情報教材」型説明文の書き方を指導する。
次の三つの指導を通して「情報教材」型説明文を書けるようにする。

(1)　道順の説明
(2)　方法の説明

(3) 三段構成による簡単な説明文

まずは、「道順の説明」を扱う。

道順を説明する文を書くためには、現在地から目的地まで歩く場合の「時間的順序」やその過程で目にする建物などの「空間的順序」を書いていかなくてはならない。

こうして書かれた文章は「論理的順序」の初歩としての学習にもなる。論理的に書けていなければ、目的地に達することはできないからである。

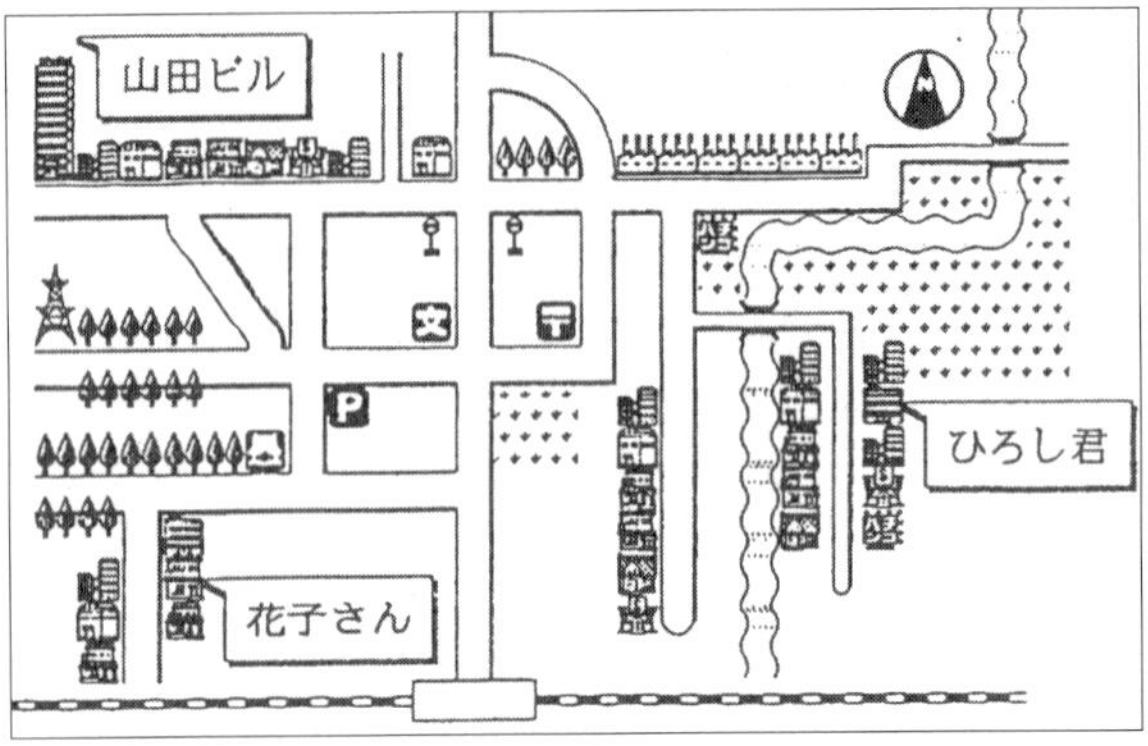

【ステップ一―視写】

上の地図を配布する。

そして、「駅から花子さんの家までの道順をたずねられました。わかるように説明したのがこの作文です。正しく写しましょう」と話し、次の例文を示す。

> まず、駅をおりたら、北口に出ます。次に、まっすぐ北へ向かって歩きます。それから、最初に左へ曲がる道を曲がります。しばらく歩くと、右にお寺が見えてきます。そのお寺をすぎると、左へ曲がる道があります。その道を曲がって、左がわの２けん目の家が花子さんの家です。

正しく視写させる。

なお、「道順を説明する」作文を書くポイントは次の通りである。

ポイント１　方向を表す言葉を使って説明する。（まっすぐ・ななめ・左右・東西南北など）
ポイント２　目印になるものを示して説明する。（学校・寺・林・橋など）
ポイント３　数を表す言葉を使って説明する。（３つ目の角・２けん目の家・３ｍ手前など）

【ステップ二―推敲】

道順の説明としては不十分な例文を示す。

まず、駅をおりたら、まっすぐ歩きます。次に、左へ曲がります。そうすると、山田ビルがあります。

そして、「駅から『山田ビル』までの道順を説明したのがこの作文です。ところが、『方向を表す言葉』『目印になるもの』『数を表す言葉』がないので、このままでは、山田ビルまではいけません。詳しく書き直しましょう」と話す。

子どもたちは、次のように書き直す。

まず、駅をおりたら、北口に出ます。次に、まっすぐ北へ歩きます。すると、二つ目の角に学校が見えてきます。その学校を通り過ぎてそのまままっすぐ進みます。そして、次の角を左に曲がります。そのまままずっとまっすぐ進むと高いビルが向かって右側に見えてきます。それが山田ビルです。

ポイント１～３が使われているかどうか、その結果、きちんと目的地まで行ける文章になっているかどうかを評価する。

【ステップ三―200字限定作文】

同じ地図を使って様々なパターンのテーマをつくることができる。

子どもたちにどこからどこまでの道順を説明するか決めさせるのもよい。

題材・テーマ

駅から「ひろし君」の家までの道順を説明しましょう。

〈作品例〉

まず、駅をおりたら、北口に出ます。次に、北へ向かってまっすぐ進みます。すると、二つ目の角の所に学校があります。そこを通りこしてまっすぐ進むと、次の角にバス停があります。そこを右へ曲がります。そのまままっすぐ進むと右側にパチンコ屋さんがあります。そこを右に曲がります。少し進むと左へ曲がる細い道がありま す。そこを曲がります。橋をわたるとつきあたりです。そこを曲がって、左側の二けん目がひろし君の家です。

その他の題材・テーマ

・ひろし君が花子さんの家に遊びにいく場合の道順を説明しましょう。
・駅から「山田ビル」への道順で、バス停のある通りが工事で通れません。他の道順を説明しましょう。
・逆に、山田ビルから駅までの道順を説明しましょう。
・自分の家から学校までの道順を説明してみましょう。

20　情報を伝達する説明文②―方法を説明する

ここでは「手順」や「方法」を正確に伝達する説明文に挑戦させる。

方法の説明を正確に他人に伝達するには、

・順序立てて書く（順序を表す接続語を使う）。
・なるべく一手順一文で書いていく（ステップを細かくして書く）。

ということを意識して書くことが大切である。

【ステップ一―視写】

例文は「インスタントラーメンの作り方」である。

「まず」「次に」「それから」「最後に」の順序を表す接続語を使って説明している。さらに、一手順一文で書かれている。

正確に視写させる。


まず、水５００cc（カップ２杯半）をふっとうさせます。

次に、めんを入れて軽くほぐしながら３分間にます。

それから、火を止めます。

最後に、こなスープを加えてできあがりです。

【ステップ二―推敲】

次の例文は「パンツのはきかた」（岸田今日子作詞）という歌の歌詞である。パンツのはきかたを説明しているが、最後には「うらがえし」になってしまう。

情報を伝達する文としては言葉足らずということである。

だれが読んでも、正しくパンツがはけるように、この歌詞を書き直しさせる。

パンツはね、はじめに片足入れるでしょ。
それから、もう片っぽ入れるでしょ。
それから、キューッと引っぱって、そこまでできたら立ちましょう。
そうして上まで引きあげて、つっかえたらばできあがり。
アーア。せっかくはいたのに、うらがえし。

例えば、子どもたちは次のように書き直す。

はじめに、穴があいている方を前にします。
それから、パンツに片足入れるでしょ。
それから、もう片っぽ入れるでしょ。
それから、キューッと引っぱって、そこまでできたら立ちましょう。

そうして上まで引きあげて、つっかえたらばできあがり。

例文の最後の一文は、めでたくパンツがはけたということで削除される。

【ステップ三―２００字限定作文】

ゲームを取り入れて行う。

学級の全員に地図記号の書かれたカードを配布した。全員書かれている内容が異なる。このカードに書かれた地図記号の書き方を２００字限定で説明させるのである。

よって、題材・テーマは次のようになる。

題材・テーマ
次の地図記号の書き方を説明しましょう。（他の人にも正しく書けるようにします）

書き終えた説明文を読み上げ、他の子たちはその通りに書いてみる。正しく書けた子が多いほど、その説明はより正確に伝達されたとみることができる。

〈作品例〉

これから、あるものの説明をします。なんの説明か当てて下さい。
まず、最初にお皿の形の丸を書きます。その絵は、下のほうに書いて下さい。
そして、その丸の上がわの⅓をゴシゴシと消して下さい。
その次に、さっき書いた丸の中から上に向かってぼう線を三本引いて下さい。まっすぐ引いて下さい。真ん中の線を一番長くして下さい。左右の線は、同じ長さにして下さい。

これは地図記号です。

わかった人は、いるでしょうか。おわり。


答えは「♨」（温泉）である。


これは、地図記号です。まず初めに、横に線を一本書きます。

その線の一番右から下に向かって一本線を書きます。その線は一番初めに書いた線の約二倍ぐらいひいて下さい。

今下に向かって一本線をひきましたね。その線の一番下から右に向かって垂直に線をひきます。線は初めに書いた線の長さにして下さい。

今書いている紙を九十度にひっくりかえして下さい。そして、さっきと同じように書いて下さい。

みなさん、もうわかったでしょう。


答えは「卍」（寺）である。

その他の題材・テーマ

・○○○○（シャツなど）の着方を説明しましょう。
・○○○○（えんぴつけずり器など）の使い方を説明しましょう。
・自分の得意な料理の作り方を説明しましょう。

21　情報を伝達する説明文③―説明文の形式を使って

「情報教材」型説明文の形式をそのまま使って作文を書かせる。
形式は次の通りである。

初め	話題提示文 問題提起文
中	具体例
終わり	まとめ

この形式に当てはめて作文を書かせることで、説明文の書き方を習得させるのである。

【ステップ一―視写】

次の例文は「楽器」についての簡単な説明文である。
正確に視写させることで説明文の形式を体得させる。

楽器は、そのしゅるいによって、いろいろな音を出すことができます。
楽器は、音の出し方で、どんななかまに分けられるでしょうか。
一つ目は、たたいて音を出すなかまです。たいこがそうです。

二つ目は、糸をはじいたりこすったりして音を出すなかまです。ギターやバイオリンがそうです。

三つ目は、いきをふきこんで音を出すなかまです。ふえがそうです。

このように、楽器は、音の出し方で、大きく三つのなかまに分けられるのです。

（「あつまれ、楽器」こくご二上　平成四年度版　光村図書の改作）


この例文は、次の構成になっている。

初め	第一文……話題提示文 第二文……問題提起文
中	第三・四文……具体例一 第五・六文……具体例二 第七・八文……具体例三
終わり	第九文……まとめ

【ステップ二―推敲】

次の例文は「自動車」についての簡単な説明文である。しかし、文がバラバラになっている。これを正しい順序に書き直しさせる。ステップ一で学んだ「説明文の形式」を参考にさせる。


そのため、車体がかたむかないようにしっかりしたあしがついています。

（具体例三②）

自動車は、目的によってどんな作りになっているのでしょう。（問題提起文）
トラックは、荷物を運びます。（具体例一①）
そのため、座席のところが広く作ってあります。（具体例二②）
道路にはいろいろな自動車が走っています。（話題提示文）
クレーン車は、重いものをつり上げます。（具体例三①）
このように、自動車は、目的によっていろいろな作りをしているのです。（まとめの文）
そのため、広い荷台がついています。（具体例一②）
バスは、人をのせて運びます。（具体例二①）

（「じどう車くらべ」こくご一上　平成八年度版　光村図書の改作）

正解は（　）の中に示した通りである。ただし、具体例一～三の順序は入れ代わってもよい。

【ステップ三―200字限定作文】

ステップ一・ステップ二で書いた説明文の形式を使って簡単な説明文を書かせる。
具体例が三～四つ書くことのできる題材・テーマを与える。
または、「何か三種類か四種類に分けられるものを選んで説明文にしてみよう」と呼びかけて題材・テーマを考えさせるのもよい。

題材・テーマ

日本の文字にはどんな種類があるか説明しましょう。

〈作品例〉


日本の文字は、私たちの生活の中で必要です。

日本の文字は、どんな種類があるのでしょうか。

一つ目は、ひらがなです。日本の文字はこのひらがなが中心です。

二つ目は、カタカナです。「アメリカ」などを書く時に多くつかっています。

三つ目は、漢字です。昔、漢字は中国からつたわってきました。

四つ目は、ローマ字です。駅にある標識みたいなもののひらがなの下に書いてあるのがそうです。

このように、日本の文字は四種類あります。

題材・テーマ

ごみにはどんな種類があるか説明しましょう。

〈作品例〉


ごみは、その種類によって、名前がちがいます。

ごみは、どんな種類で、どんななかまに分けられるでしょうか。

一つ目は、燃えるごみです。生ごみ、紙、ティッシュペーパーなどがそうです。

二つ目は、燃えないごみです。プラスチック、カンやビン、ガラス、ゴムなどがそうです。

三つ目は、そだいごみです。冷ぞう庫や、机、三輪車、タンスなどがそうです。

このように、ごみは、種類によって、大きく三つのなかまに分けられるのです。

題材・テーマ

自分で調べたことを説明しましょう。

〈作品例〉

床屋のくるくる回る看板は三色ですね。
実は、あれには一色一色に意味があるんですって。知っていましたか?
一つ目は青。青は、静脈をあらわしています。きたない血のことです。
二つ目は赤。赤は、動脈をあらわしています。とてもきれいな血です。
三つ目は白です。白は、包帯です。やっぱり、けがといえば血。血といえば包帯。
このように、こんなものにまで意味があります。
実は、わたしは床屋の娘なのにぜんぜん知りませんでした。

その他の題材・テーマ

・お札に描かれている人はどんな人たちか説明しましょう。（千円札・五千円札・一万円札）
・犬の声の出し方にはどんな種類があるか説明しましょう。（嬉しいとき・悲しいとき・怒ったとき）
・時計の針にはどんな種類があるか説明しましょう。（長針・短針・秒針）
・政治の仕組みについて説明しましょう。（国会・内閣・裁判所）
・信号の色を説明しましょう。（赤・黄色・青）

22　事実と意見の区別

事実と意見の区別を「スピーチの原稿作り」でトレーニングする。

ＮＨＫ日本語センターアナウンサーの村松賢一氏は、「スピーチ」の話し方の順序について次のようにいう。

もう一つ、スピーチで頭が痛いのが構成とか組立といわれるものである。「初め・中・終わり」、「序・破・急」など、さまざまな考え方が提案されている。私はごく単純に、「一つの体験から一つの感想を」で十分だと考えている。

つまり、具体的なできごとを語った後、そのことを通して学んだこと、感じたことをつけ加えるのだ。具体から抽象へ、という帰納的な組立がスピーチには向いていると思う。

（明治図書『国語教育』誌四七四号より引用）

要するに、

事実 → 意見

の順序でスピーチを構成させるのがよいということである。

スピーチの原稿をこの順序で書かせることで、事実と意見の区別を明確にさせる。

【ステップ一――視写】

次の例文はスピーチの原稿である。前半に自分が伝えたい「事実」について詳しく書いてある。最後の一文で、前半に書いた「事実」に対する自分の「意見」が書かれている。「事実」と「意見」の区別に気をつけながら、正確に視写させる。

> 私は朝起こされても、なかなか起きることができません。以前は目ざまし時計がありました。しかし、その目ざまし時計は音が小さくて目がさめませんでした。そこで、新しい目ざまし時計を買いました。今度は音の大きい目ざまし時計です。ところが、この時計の音にもだんだん慣れてきて、とうとう聞こえなくなってしまいました。結局、この時計は母が使っています。
> 今では、私の早起きはとても無理なことだと自分であきらめています。

なお、言語技術の会編『実践・言語技術入門』（朝日選書）によれば、

> 事実とは「証拠をあげて裏付けのできる内容」
> 意見とは「何事かについてある人が下す判断」

と書かれている。

【ステップ二――推敲】

次の例文は、スピーチの原稿の順序がバラバラになったものである。

まず、それぞれの文が「事実」なのか「意見」なのか考えさせる。

その上で、ステップ一の原稿を参考にしながら事実と意見が正しく区別されるように正しい順序で書き直しさせる。


（意見　7）この人形の顔は私に似ていると思います。

（事実　4）そして、その人形の首をはずすと、さらに同じ形をした人形が出てきます。

（事実　2）この人形は首がはずれます。

（意見　8）だから、親しみがあります。

（事実　1）私の宝物は母がロシアから買ってきてくれた人形です。

（事実　3）その中からまた、同じ形をした人形が出てきます。

（意見　9）この人形をずっと大切にしていこうと思っています。

（事実　6）結局、全部で十個の人形が出てきます。

（事実　5）それを繰り返していくと、出てくる人形がだんだん小さくなります。


（　）内に正答を示した。数字は順序を示す。

【ステップ三―200字限定作文】

ステップ一・ステップ二のスピーチ原稿を参考にして、事実と意見を明確に区別したスピーチ原稿を書かせる。もちろん、この原稿を使ってスピーチの授業を後ほど行うことになる。

題材・テーマ

・事実↓意見の順序でスピーチの原稿を書きましょう。テーマは次の中から選びましょう。
「私の最大の失敗」

「私にとって今年最大の出来事」

〈作品例〉

まずは「私の最大の失敗」である。


　みなさんは人まちがいをしたことがありますか。私は小さい時、こんなまちがいをしました。

　家族でおばあちゃんの家に出かけた時です。私は新聞を読んでいる父の背中にだきつこうとしました。私の手が父の背中にふれかかった時、父は私のほうをふり向きました。その瞬間私はびっくりしました。だきつこうとしていた人は、父ではなくおじさんだったからです。

　その時ははずかしかったです。私は大きい時でなくてよかったと思います。


次は、「私にとって今年最大の出来事」である。


　ぼくの今年最大の出来事。それは、家ぞくで電車に乗って、夜、モリタウンまで行ったときのことです。電車はこんでいました。モリタウンでは、買物をしたり、食事をしたりしました。そしてぼくたちは8時30分ぐらいに電車に乗りました。電車はこんでいます。電車がゆれるのでぼくは上のポスターにつかまっていました。

　すると、

「ガタガタ。」

とゆれて上のポスターをやぶってしまいました。

　ぼくはみんなに笑われてはずかしかったです。

その他の題材・テーマ
・事実↓意見の順序でスピーチの原稿を書きましょう。テーマは次の中から選びましょう。
「私の宝物」

「私が最も尊敬する人について」

23　引用の仕方（引用を使った意見文）

正しい引用の仕方を身につけさせる。引用した部分は「　」を使ってはっきりと自分の意見と区別することを教える。引用した部分を一つの「事実」としてとらえるならば、事実と意見の区別の指導ともいえる。

なお、次に紹介する実践は、大森修氏の著書『続国語科発問の定石化』（明治図書）より学んだ。

【ステップ一――視写】

ゆきのなかの　こいぬ
すずき　としちか
どこから　きたの
こんなに　ふっているのに
そっちへ　いっちゃ　だめ
みえないけれど

上の詩を黒板に書き、全員に視写させる。

数回音読後、次の発問をする。

「雪は大降りですか。それとも小降りですか」

子どもたちのノートには全員「大降り」と書かれていた。

「詩の中の大降りだとわかるところに線を引きましょう」

次の二個所を指摘した子どもが圧倒的に多かった。

どぶがあるよ
そっちへ　いっちゃ　だめ
かきねの　まわりに
とげとげの
はりがねが　ついているよ

さむいのね
そんなに　ふるえて
さあ
ついていらっしゃい

こんなに　ふっているのに

みえないけれど

ここで、次の「引用を使った意見文」を示す。

正確に視写させる。

このとき、引用したところには「　」をつけて、自分の意見とは明確に区別することを教える。

また、引用は書いてある通りに書き写すことも教える。ひらがなで書かれていればひらがなで書くのである。


雪は大降りか、小降りか。

雪は大降りだと考える。

なぜか。

それは、「こんなに　ふっているのに」と書かれているからだ。

もし、雪が小降りなら「こんなに」とは書かないはずである。

しかし、わざわざ「こんなに」と書いてあるのである。

だから、雪は大降りだと考える。

この意見文の構成は「論理的順序」に従って書かれている。

次の構成である。

第一文　問いかけ文
第二文　結論を述べる
第三文　理由を述べる
第四文「もし～はずである」
第五文「しかし～」
第六文　もう一度結論を述べる

【ステップ二─推敲】


ステップ一の意見文と同じテーマ「雪は大降りか、それとも小降りか」を別の引用個所を使って論述させる。

要するに、ステップ一の例文の書き直しである。

子どもの作文は次のようになる。


雪は大降りか、小降りか。

雪は大降りだと考える。

なぜか。

それは、「みえないけれど　どぶがあるよ」と書かれているからだ。

もし、雪が小降りなら「どぶ」は見えたはずである。

しかし、「どぶ」が見えないほど降っているのである。

だから、雪は大降りだと考える。

【ステップ三―200字限定作文】

ステップ三でも「ゆきのなかの　こいぬ」を教材として「引用を使った意見文」を書かせる。

題材・テーマ

「こいぬは動いているか、じっとしているか」について「引用を使った意見文」を書きましょう。

〈作品例〉


こいぬは動いているか、じっとしているか。

こいぬは動いていると考える。

なぜか。

それは、「そっちへ　いっちゃ　だめ」という文からわかる。こいぬがどぶの方へ行こうとしているから、だれかが「そっちへ　いっちゃ　だめ」と止めたのである。

もし、こいぬがじっとしていたら、どぶの方へ行かないのだから、だれも止めなくていいはずである。

しかし、わざわざ「そっちへ　いっちゃ　だめ」と書いてある。

だから、こいぬは動いているのである。

こいぬは動いているか、じっとしているか。

私はこいぬは動いていると考える。

なぜか。

それは、「そっちへ　いっちゃ　だめ」と書かれているからだ。この文はこいぬがウロチョロしているから「そっちへ　いっちゃ　だめ」と書かれているのである。

もし、こいぬがじっとしているのなら「そっちへ　いっちゃ　だめ」とは書かないはずである。

しかし、「そっちへ　いっちゃ　だめ」と二度も書かれているのである。

だから、こいぬは動いていると考える。

その他の題材・テーマ

・次の詩の季節はいつでしょう。「引用を使った意見文」を書きましょう。
・次の詩の語り手はどこから山を見ていますか。「引用を使った意見文」を書きましょう。

山の歓喜

河井　酔茗

あらゆる山が歓んでいる
あらゆる山が語っている
あらゆる山が足ぶみして舞う、踊る
あちらむく山と
こちらむく山と
家族のように親しい山と
他人のように疎い山と
遠くなり
近くなり
あらゆる山が

合ったり
離れたり
出てくる山と
かくれる山と
低くなり
高くなり

山の日に歓喜し
山の愛にうなずき
今や
山のかがやきは
空いっぱいにひろがっている

24　反論の意見文

香西秀信氏は著書『反論の技術』（明治図書）の中で、反論には次の二つの型があるという。

(1)「主張」型反論……相手の主張と反対の主張を論証すること
(2)「論証」型反論……相手の主張を支える論証を切り崩すこと

そして、『少なくとも初期の訓練においては、「論証」型に限った方が、学習の効果をあげることができると考えるのである。』として、いくつかの理由をあげている。

詳しくは香西氏の著書をお読みいただきたい。

ここでは、香西氏の主張に従って「論証」型反論の意見文を書かせる。

ある主張に対して敢えて「反論」させるのである。

【ステップ一―視写】

次の「ごみのない住みよい町に」という意見文を子どもたちに配布し、読ませる。
これに対する反論の意見文を示し、視写させる。
こうすることで「反論の意見文」の書き方を理解させる。

「ごみのない住みよい町に」

中尾　由美

わたしは、青少年の一人として、この水口町を、ごみの落ちていない明るく美しい町にしていきたいと思います。特に、山や道路、公園には、一つもごみが落ちていないようにしたいのです。そのためには、水口町に住む人全員の協力が必要になってきます。まず身のまわりから、そして、水口町全体にごみ拾い運動が広がれば、すばらしいと思います。

私だけがごみの処理について考えているのかと思い、先日、母に聞いてみました。母は、私と同じ考えをもっていました。美しく住みよい町にしたいと願わない人はだれもいません。

今、滋賀県では、温かい心の通った町づくりが進められ、風景条例というのも作られました。しかし、たとえりっぱな道路ができても、一つのごみによって値打ちがなくなってしまいます。

ごみのない住みよい水口町。いつか、祖母が言っていたような山によみがえり、また、一人一人の心の中にも、いま以上に温かい心が生まれてくることを願って、わたしは、一日一つのごみ拾いを提案します。

（香西秀信著『反論の技術』に引用された「小学国語６下」大阪書籍　平成四年度版より引用）

私は中尾さんの意見に反対である。

> 中尾さんは「ごみのない住みよい水口町」にするために「一日一つのごみ拾いを提案します」という。
> しかし、この意見はおかしい。
> 第一に、この提案を聞いて「一日一つのごみ拾い」を実行する人がいるだろうか。おそらくいないだろう。
> 第二に、もしも、水口町の人が全員で「一日一つのごみ拾い」を実行したとしても、その程度で水口町のごみはなくならないのだ。
> だから、中尾さんの意見はおかしい。

反論の意見文は、次の通りに書かれている。

> (1)　まず、意見に対して「反対」であることをはっきり書く。
> (2)　反対する部分の引用をする。
> (3)　第一に、第二に、と理由を述べている。
> (4)　「だから」で結論づける。

【ステップ二―推敲】

次の文章は「やめてください、めいわく駐車」とそれに対する反論の意見文である。ところが文の順序がバラバラである。ステップ一の意見文を参考に、正しい順序に書き直しさせる。

まず、正しい順序に番号を書かせる。正しかったら全文書き直しをさせる。

（　）内の数字が正しい順序である。

「やめてください、めいわく駐車」

大江　一嘉

一月も終わりに近い土曜日の午後のことです。いつものとおり、トラックが、ぼくの家の西側の歩道に片方のタイヤを乗り上げ、駐車していました。そこへ、十トンぐらいの大型トラックがやって来ました。そして、なんとか通りぬけようとハンドルを操作していましたが、やはり通れず、クラクションを何回も鳴らしました。近所が、とてもうるさい思いをしました。通ろうとしたトラックは、仕方なく、直進して走り去りました。この間、二百メートルほども自動車がじゅうたいしていました。母が、「なんとかならないかね。」と、腹立たしそうに言いました。

ぼくは、このような「めいわく駐車」を防ぐ方法として、次のようなことを提案したいと思います。

ア　駐車禁止の看板を立てる。

イ　駐車している車にステッカーをはる。

ウ　駐車できないように、花を植えたプランターを置く。

エ　警察の人にとりしまってもらう。

（「小学校国語　6下」学校図書　平成八年度版より部分省略引用）

(5) つまり、看板では「めいわく駐車」はなくならない。

(6) 第二に、もしも、この場所には駐車しなくなったとしても他の場所に駐車する。

(1) 私は大江さんの意見に反対である。

(8) だから、大江さんの意見はおかしい。

(3) しかし、この意見はおかしい。

(4)　第一に、駐車禁止の看板が立っている場所に駐車している車は多い。
(7)　つまり、「めいわく駐車」が本当になくなるわけではない。
(2)　大江さんは「めいわく駐車」を防ぐために「駐車禁止の看板を立てる」という。

【ステップ三―200字限定作文】

ステップ一・ステップ二で書いた意見文の形式を使って、簡単な反論の意見文を書かせる。

題材・テーマ

「やめてください、めいわく駐車」の「イ・ウ・エ」どれかを引用し、反論の意見文を書きましょう。

〈作品例〉

まずは、「駐車している車にステッカーをはる」に対する反論の意見文である。


私は大江さんの意見に反対である。

大江さんは「めいわく駐車」を防ぐために「駐車している車にステッカーをはる」という。

しかし、この意見はおかしい。

第一に、はったとしても、運転手の人にとられてしまう。

つまり、「めいわく駐車」はなくならない。

第二に、ステッカーを作るまで、いろいろな準備をするのが大変だし、お金もかかる。

つまり、「めいわく駐車」をなくすのは、とてもむりである。

だから、大江さんの意見はおかしい。

次に、「駐車できないように、花を植えたプランターを置く」に対する反論の意見文である。


ぼくは大江さんの意見に反対である。

大江さんは「めいわく駐車」を防ぐために「花を植えたプランターを置く」という。

しかし、この意見はおかしい。

第一に、プランターをこわして駐車する人がいる。

つまり、プランターでは「めいわく駐車」はなくならない。

第二に、歩道にプランターがあっても車道に駐車されたらプランターは役に立たない。

つまり、「めいわく駐車」がなくなるわけではない。

だから、大江さんの意見に反対である。


続けて、「警察の人にとりしまってもらう」に対する反論の意見文である。


私は大江さんの意見に反対である。

大江さんは「めいわく駐車」を防ぐために「警察の人にとりしまってもらう」という。

しかし、この意見はおかしい。

第一に、警官が駐車違反のためだけにとりしまってくれるだろうか。してくれるとしてもパトロール程度で厳重にはとりしまってくれないだろう。

第二に、警察がとりしまったとしても、警官がいない所で駐車するので「めいわく駐車」は減らないのだ。

だから、大江さんの意見はおかしい。

もう一度断っておくが、ここに書かれた意見文は「反論の意見文」のためのトレーニングであって、書き手の本意ではない。子どもたちに敢えて反論させているのである。

その他の題材・テーマ

・次の意見文に対して反論の意見文を書きましょう。

「乗客無関心に感じる冷たさ」

大学生　I・K

岡山で女高生二人が列車内で酔っ払いにからまれたがだれも制止せず、泣きながら途中下車したという記事があった。埼玉でも類似の事件があり、女の子を助けたのは外国人英会話講師だったと地方版に報じられていたが、彼はだれ一人として彼女らを助けようとしなかった日本人の冷酷さに憤慨していた。

岡山の一件でクローズアップされたのは、校長、教頭が同じ車両に乗り合わせていながら自校の生徒を助けなかった点だが、本当に問題なのは一人の人間として彼らも他の乗客同様に無関心の態度を取ったことである。

昨今、〝ボランティア族〟と造語されるほどにボランティア活動をする人が増えている。さらに、日本の政府開発援助（ODA）は世界一位を占めている。しかし、すぐそばで困っている人や危険にさらされている人を助けられないとは、一体どういうことなのか。

日本人の心が刻一刻と冷たさを増しているように思えてならない。

（香西秀信著『反論の技術』に引用された「読売新聞」平成六年十一月二日の記事を引用）

再刊・あとがき

学力はすべて「書く」に集約される。

国語の「授業の名人」野口芳宏氏も「作文は言語能力の総決算」というほどである。

授業の中で教師の発問や指示に対して自分の意見をノートに書かせることは当たり前のことだ。自分の意見をノートに書かせることは全員に考える時間を保障していることになる。また記録として残るので学習の評価もできる。野口芳宏氏はこれを「小刻みなノート指導」と呼んでその重要性を説いている。

ところが、発問や指示の後、挙手した子を指名して授業を進める教師がいる。これでは「一人一人」に学力を保証することは困難である。考えなくても済んでしまう子が出てしまうからだ。

また、ノートに書くことで自分の考えを深めることができる。これを有田和正氏は「ノートは思考の作戦基地」と呼び、ノート作業で子どもを思考させる重要性を説いた。

ことほど左様に「書く」ことによる学習効果は高いのである。

本書は私のデビュー作にあたる『二百字限定作文で作文技術のトレーニング』（明治図書刊）の再刊版である。タイトルも「二百字限定作文」から「２００字ピッタリ作文」と改めた。

大阪で村野セミナーの事務局長をされている田中一智氏は私のデビュー作を読んで次のように分析をしてくださっている。

貴重な分析なのでここに引用させていただき、あとがきのまとめとする。

村野学級訪問記　田中一智

「処女作にはその作家の全てがある」と言われる。

村野先生の『二百字限定作文で作文技術のトレーニング』を読んで驚いた。

まえがきを開いた瞬間絶句した。

その冒頭には、こう書かれていた。

子どもたちの作文力を高めるためには、
1　作文技術を身につけさせる
2　作文を楽しくたくさん書かせることが大切である。

なんと、村野先生がセミナーで毎回のように仰っておられることが書かれていた！

どのセミナーでも，どの講座でも，作文に関する話をされる時はいつもこのことを話されている。

村野先生はずっとブレていないのだ。

最新作のあとがきにも次のように書かれている。


授業で教えた作文技術はそのままでは習熟しない。

そこで、日記指導を行って習熟させている。


ちなみに、処女作と最新作を読み比べると，おもしろいことに気づく。

１９９６年出版の処女作と２０１４年出版の最新作。

両者の間には18年もの年月があるが，その内容は驚くほど似通っている。

作文技術別の指導法、４コマ漫画作文、「視写→一部だけ書く→実作」の流れ、２００字作文ワークの活用など。村野式作文指導のベースの大半は、処女作で既に発表されていたのだ。

写真を使った、空間的順序による描写の指導法。

地図記号を予想する、説明文を書かせる作文ゲーム。

引用の仕方を教える指導法。

処女作にも最新作にも記載されているこれらの指導法を見比べることで、村野式作文指導がどのように進化してきたのかを垣間見ることができる。

村野先生はずっとずっと続けてこられたのだ。

法則化がＴＯＳＳへと姿を変えてきた間も、ご自身の実践を深め続けてこられた。

２冊の本を見比べると、そのことがよくわかる。

二〇一八年一月三一日

村　野　　聡

あとがき（旧版）

子どもに「二百字限定作文」を繰り返し書かせると最初の作文をほぼ二百字で仕上げられるようになる。中には一発で二百字に仕上げる子も出てくる。

体に「二百字の感覚」ができてくるのだ。

「二百字限定作文」は子どもに「字数感覚」を身につけてしまうよさもある。

「二百字限定作文」のよさは実に多様である。

実際に二百字限定で作文を書いてみるとよい。

本書では表現しきれなかったよさが伝わると思う。

ぜひ、一度挑戦してほしい。（ここまでの文章で二百字ぴったりである）

このような形で本書をまとめることができたのは、多くの方々の支えがあったからである。

私が作文教育に深く関わるそもそものきっかけをつくってくださったのは、教育技術の法則化運動代表の向山洋一氏である。向山氏から「向山式２００字作文ワーク」をつくってみないかと声をかけていただいた。このとき、私は約２００編余りの作文ワークを作った（その中の56編が『教室ツーウェイ』誌・一九九二年八月号に掲載されている）。大量に作文ワークをつくる過程で実に多くのことを学ぶことができた。

また、本実践を共に展開してきた平成六・七年度に担任した青梅市立霞台小学校の五年三組・六年三組の二九名の子どもたち。この子どもたちのやる気なくして本書は成り立たなかった。

さらに、青梅市立吹上小学校の福富智氏には本書の原稿を検討していただき、多くの貴重な意見をいただいた。

そして、私の家族にも大いに支えられてきた。

最後に、未熟で力のない私に書を著す機会を与えてくださった明治図書の江部満氏に心より感謝申し上げる。江部氏の「国語科教育を言語技術を教える教科として改革していきたい」という志に本書の提案が少しでも貢献できれば幸いである。

まだまだ多くの方々の支えがあった。

ありがとうございました。

村野　聡

一九九六年六月

〈著者紹介〉
村野 聡（むらの・さとし）
1963年　東京生まれ
現在、東京都国立市立国立第六小学校教諭
TOSS青梅教育サークル代表
東京向山型社会研究会所属

【単著書】

『二百字限定作文で作文技術のトレーニング』（1996）
『作文技術をトレーニングする作文ワーク集』（1999）
『クロスワードで社会科授業が楽しくなる！』（2005）
『社会科「資料読み取り」トレーニングシート』（2008）
『社会科「重点指導事項」習得面白パズル』（2009）
『新版　社会科「資料読み取り」トレーニングシート５年編』（2010）
『新版　社会科「資料読み取り」トレーニングシート６年編』（2010）
『ピンポイント作文トレーニングワーク』（2012）
『ピックアップ式作文指導レシピ33』（2014）　〔以上、明治図書〕
『子どもが一瞬で書き出す！“4コマまんが”作文マジック』（2017）
〔学芸みらい社〕

【編著書】

『イラスト作文スキル　高学年』（2004）
『新版 社会科「資料読み取り」トレーニングシート3・4年編』（2010）
〔以上、明治図書〕

200字ピッタリ作文
★指導ステップ&楽しい題材テーマ100

GAKUGEI MIRAISHA

2018年3月1日　初版発行

著　者　村野　聡
発行者　小島直人
発行所　株式会社 学芸みらい社
〒162-0833 東京都新宿区箪笥町31 箪笥町SKビル
電話番号 03-5227-1266
http://www.gakugeimirai.jp/
e-mail : info@gakugeimirai.jp
印刷所・製本所　藤原印刷株式会社
装丁デザイン・DTP組版　星島正明

落丁・乱丁本は弊社宛てにお送りください。送料弊社負担でお取り替えいたします。

ISBN978-4-908637-58-2 C3037

小学校教師のスキルシェアリング そしてシステムシェアリング

―初心者からベテランまで―

授業の新法則化シリーズ

＜全28冊＞

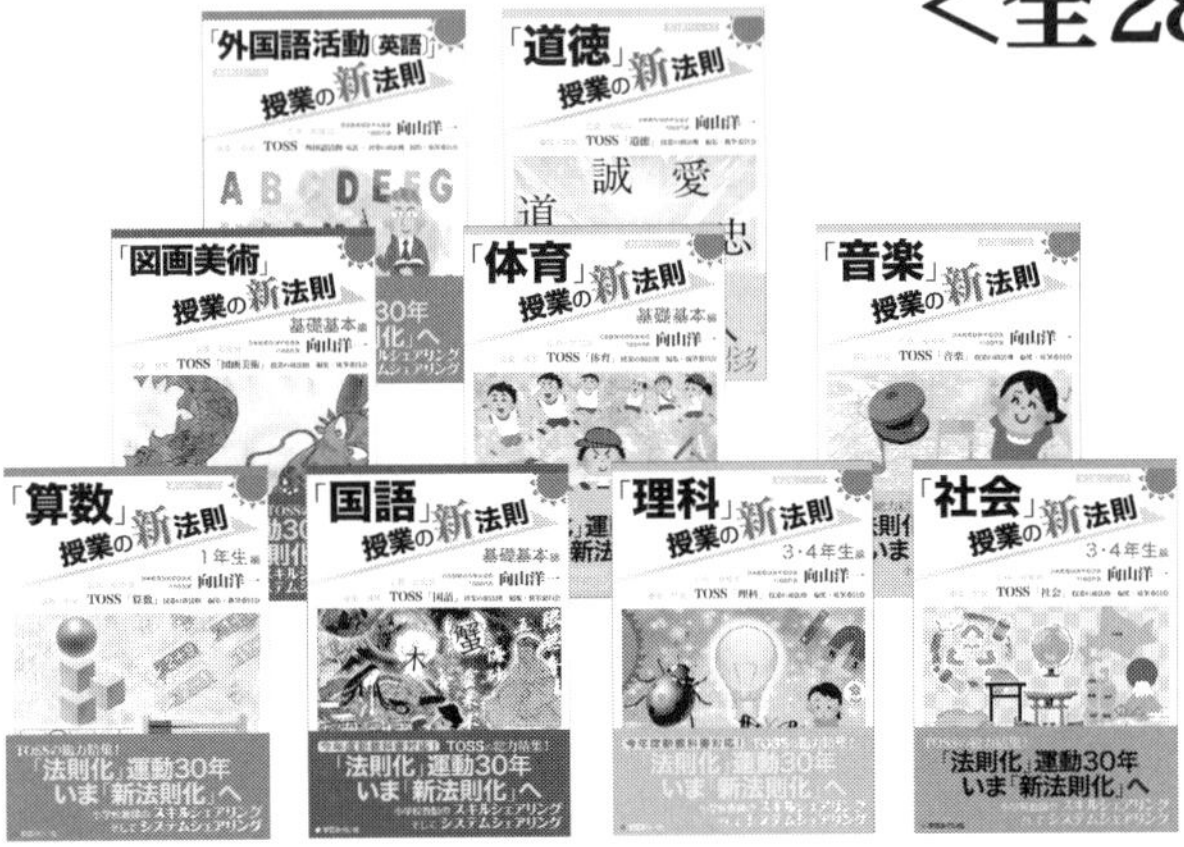

企画・総監修／向山洋一 日本教育技術学会会長 TOSS代表

編集 執筆 **TOSS授業の新法則** 編集・執筆委員会

発行：学芸みらい社

1984年「教育技術の法則化運動」が立ち上がり、日本の教育界に「衝撃」を与えた。そして 20年の時が流れ、法則化から TOSS になった。誕生の時に掲げた4つの理念は TOSS になった今でも変わらない。

1. 教育技術はさまざまである。出来るだけ多くの方法を取り上げる。（多様性の原則）
2. 完成された教育技術は存在しない。常に検討・修正の対象とされる。（連続性の原則）
3. 主張は教材・発問・指示・留意点・結果を明示した記録を根拠とする。（実証性の原則）
4. 多くの技術から、自分の学級に適した方法を選択するのは教師自身である。（主体性の原則）

そして十余年。TOSS は「スキルシェア」の SS に加え、「システムシェア」の SS の教育へ方向を定めた。これまでの蓄積された情報を TOSS の精鋭たちによって、発刊されたのが「新法則化シリーズ」である。

日々の授業に役立ち、今の時代に求められる教師の仕事の仕方や情報が満載である。ビジュアルにこだわり、読みやすい。一人でも多くの教師の手元に届き、目の前の子ども達が生き生きと学習する授業づくりを期待している。

（日本教育技術学会会長　TOSS代表　向山洋一）

学芸を未来に伝える
学芸みらい社
GAKUGEI MIRAISHA
株式会社 学芸みらい社（担当：横山）
〒162-0833 東京都新宿区箪笥町31 箪笥町ＳＫビル 3F
TEL:03-6265-0109（営業直通） FAX:03-5227-1267
http://www.gakugeimirai.jp/
e-mail:info@gakugeimirai.jp